張楊——著

我不是媽媽,是家庭CEO

與其練成鋼鐵身,
不如讓家人成為神隊友!

HOW TO BE A RELAXED PARENTING MOM

前 言 ——————

　　這本書是寫給經常糾結於「要陪伴孩子還是追逐夢想、要以媽媽的責任為優先還是先過自己想要的人生」而反覆掙扎的媽媽們。

　　如果身為媽媽的妳總是感到很辛苦、很累、孤立無援、壓力很大、自我價值感跌到谷底，還經常陷入焦慮情緒，而且非常希望從這種狀態中脫離，變得更加快樂、輕盈、更有能量，那麼這本書就是專門為妳寫的。

從「單向犧牲」到「雙向滋養」的親子關係

　　許多媽媽誤以為想陪伴孩子成長就只能二擇一，要以犧牲自己的自由時間、青春、職涯發展為代價，所以為孩子付出並犧牲自己的需求、興趣與愛好。但在養育孩子的過程中，得不到生命的滋養、能量越來越低的情況下，一旦她們覺得疲累或耐心消耗殆盡，就很容易對孩子大吼大叫；當她們不被家人理解和肯定時，會深感委屈而心生埋怨，有時甚至因為小事就對另一半發脾氣。

　　這是許多媽媽感到很有壓力、非常焦慮，自身能量變得越來越低的一個

重要因素——**單向犧牲**,媽媽為了孩子的生活和成長犧牲自我,孩子卻沒有滋養媽媽的生命。

白天得上班的媽媽早出晚歸,沒時間陪伴孩子,對於孩子不好的行為無從教導糾正,因此覺得焦慮。全職媽媽雖然沒有外出工作的壓力,但也因為長期在家帶孩子,逐漸和社會脫節、擱置自己的事業藍圖,一想到孩子長大後的個人未來,也會感到很焦慮。有些全職媽媽更認為自己只能帶孩子,不能分擔家庭經濟,完全沒有自我價值。

有的媽媽則為孩子的學習成長焦慮,包括孩子的教育規劃、讀書習慣的培養、學習和玩樂時間的安排,對於任何一件事都操心不已。如果孩子體質比較差,三天兩頭就生病,則更讓人焦慮了。有些家庭,孩子的爸爸工作很忙,經濟條件又不允許請保母的情況下,照顧孩子的責任全落在媽媽一個人身上,每當孩子出現問題,媽媽就感到心累。

有些媽媽與公婆住在一起,彼此育兒理念差異太大,爺爺奶奶經常指責媳婦沒有教好孩子、否定媳婦的辛勞與努力,也會讓媽媽感到焦慮。有些媽媽與另一半的交流大多是交代事情、討論孩子,很少有思想和情感層面的溝通,在無助時連伴侶的支持都得不到,唯一的舒壓方式就是自己一個人偷偷地哭泣。

其實,對媽媽們來說,無論要承擔的家庭工作、要面對的養育問題有多少、壓力和焦慮有多大,只要有好的能量狀態,這些問題就不再是問題,壓力和焦慮也能得到緩解,甚至完全消散。

因為,困住妳的不是問題本身,而是妳的能量狀態。只要有了好的能量狀態,妳內在的潛能會被啟動,就能見招拆招,重新綻放妳的生命。

如果妳想成為一位「高能量的媽媽」，很重要的一點就是「轉變思維」，把單向犧牲的淺層陪伴變成雙向滋養的深度陪伴，讓陪伴不只滋養孩子，也滋養自己。**雙向滋養的深度**陪伴指的是媽媽不僅關注孩子的需求、感受和成長，也關注自身需求、感受和成長。孩子與媽媽能從彼此陪伴中得到滋養，這正是貫穿全書的核心思維。

妳不是家庭保母，而是家庭 CEO

有些家庭，孩子的爸爸只需要安心工作賺錢養家，幾乎不用為孩子和家務操心，而媽媽除了忙自己的工作，還要承擔養育孩子和料理家務的重任。孩子年幼時，媽媽晚上要餵孩子喝奶、換尿、蓋被子，幾乎無法擁有完整的睡眠。睡不好、太累、分身乏術時沒人幫忙，得不到家人的認可和理解、沒有價值感，孩子出現各種問題時不知道如何應對…等，這些都會耗盡媽媽的心力。

這是因為整個社會對「媽媽」這個角色有個期待：媽媽沒有照顧孩子，就是罪過；爸爸偶爾照顧孩子，就是模範奶爸。但是我認為，**媽媽不是「家庭保母」，每一位媽媽最大的自我價值是成為「家庭CEO」**。

那麼「家庭保母」和「家庭 CEO」有什麼不同呢？

如果媽媽對自己的定位是「家庭保母」，那麼責任就是盡可能把家事做好，把孩子照顧好，付出的是工作之外全部的時間和精力，其價值就表現在飯做得好不好吃、家裡打掃得乾不乾淨、孩子有沒有生病、孩子的學習成績好不好。只要伴侶、孩子或長輩對其中一項評價不好，媽媽都會感覺

自我價值被否定，個人的能量狀態因此非常低落，甚至有些媽媽長期得不到家人的肯定而陷入抑鬱狀態。

不過，**如果媽媽對自己的定位是「家庭CEO」，那麼她的責任就是「調動一切可用的資源」**，讓孩子、伴侶以及自己都能夠得到很好的照顧，讓整個家庭更幸福，媽媽付出的是「調動資源的能力」以及「認知能力」，其價值就表現在能調動多少資源、整個家庭的幸福指數是否更高，即使孩子哪天沒做作業被老師責備了、考試成績退步、自己做的飯菜不好吃，都無法影響作為家庭CEO的價值貢獻。

所以，如何幫助媽媽們完成從「家庭保母」升級到「家庭CEO」也是本書的重要目標。

深度陪伴 + 家庭 CEO = 深度陪伴 CEO

如果妳已經具備了深度陪伴的雙向滋養思維模式，也找到了自己作為「家庭CEO」的正確定位，那麼恭喜妳，現在妳有一個全新的身分，就是「深度陪伴CEO」的高能量媽媽。

讓我們回到生活中那些曾經讓妳特別焦慮或有壓力的事情上，想想看，「深度陪伴CEO」會如何做呢？

例如，孩子做作業總是拖拖拉拉，媽媽每天晚上都陪到很晚，但情況並沒有任何改善；老師總在班級群組裡點名孩子，媽媽總是被找去學校。

遇到以上狀況時，身為「深度陪伴CEO」的媽媽，首先得照顧好自己的情緒。孩子做作業慢吞吞並不等同於做媽媽的失敗，清楚明白這一點，

妳會更加平和地看待這件事。其次是照顧好孩子的情緒，告訴孩子：「媽媽更關心你的健康，現在已經九點了，你先睡覺吧，我們明天一起想辦法解決作業的問題」。

再者，是開始思考身邊有哪些資源可以幫到孩子。妳可以和孩子溝通，聽聽孩子對作業的想法；或和孩子的老師溝通，聽聽老師的建議，請老師在學校多鼓勵孩子；也可以學習如何讀懂孩子的需求，了解孩子做作業不專心的深層原因；或是尋求孩子爸爸的幫助，請他找時間帶孩子出去散心、運動、聊一聊。

最後妳會發現，原來孩子做作業不認真，或許是因為玩耍的需求沒有得到滿足，妳開始學習尊重孩子的感受，並且允許孩子每天放學後先盡情地和同學玩一小時。妳可能會發現，孩子回到家後做作業的效率大幅提升，問題得到解決。同時，妳也覺察到，自己以前總是希望孩子先做作業再去玩，其實是因為自己不相信孩子有自律能力。不相信孩子，可能是因為自己小時候也沒有得到父母足夠的信任，所以妳從未體驗過當需求被滿足時所釋放的最大潛能。習慣壓抑自己、從來沒有真正覺察和滿足自我需求的媽媽，內心總有很多糾結和無謂的能量消耗。

若能藉由孩子做作業拖拖拉拉的問題，突破了原生家庭對妳的束縛和影響，從中獲得個人成長。同時，孩子的需求被妳看見，他也因此感到輕鬆自由，做作業的積極度提高了，孩子也成長了。妳作為「深度陪伴CEO」後，越來越懂孩子，母子相互成長，妳的能量也會越來越高。

我想，這一定是每一位媽媽最渴望擁有的狀態。

深度陪伴的家庭 CEO 具有五大魔法

在家庭裡，媽媽不是孤軍奮戰，妳不需要在煩瑣的養育事務中透支自己的精力和能量。學習調動家庭系統和社會系統的資源，藉此實現想要的生活狀態，成為高能量的媽媽。每位媽媽都別忘了，手上握有五大魔法隨時能幫助妳：

1.讓自己處於高能量，冷靜思考如何調度安排所需

無限制地消耗自己的時間、精力是壓榨自己。啟動自己的正確方式，是多關懷自己，對自己好一點，這樣才能讓自己的能量永不枯竭，所以第一個魔法是「對自己好一百倍」。

2.讓大忙人爸爸來幫妳，成為觸手可及的重要資源

正確啟動爸爸的方式，不是要求他、改變他，因為沒有任何人願意被他人改變。書中將分享一些技巧，讓孩子的爸爸自動、自願參與對孩子的高效陪伴，與妳共同經營家庭，而不是單打獨鬥。

3.讀懂孩子的心靈地圖，讓他們成為可調動的資源

養育孩子就像走迷宮，媽媽需要找到迷宮的「地圖」。如果妳能讀懂孩子的「心靈地圖」，就能用最少的時間和精力解決妳和孩子之間的衝突，構建更牢固的親子關係；還能透過對孩子的深度陪伴，讓自己也得到成長和滋養。

4.突破原生家庭的束縛，擁有更加美好的人生

有些人會認為原生家庭給了自己很多束縛，是自己成長的絆腳石或阻礙。但如果能夠面對自己的原生家庭，去覺察那些曾經約束和壓制妳潛能的信念，就可以跳脫原生家庭的束縛，徹底釋放自我，並讓家人也成為自己能夠調動的資源。

5.讓整個宇宙都來幫妳，延伸使用其他資源

孩子學校的老師、居住的社區、社群上的媽媽團體、家中的保母、孩子的才藝班，這些都是身旁的育兒資源。只要妳不封閉自己，願意打開心門接受更多的幫手和助力，整個宇宙都可以成為支撐妳的魔法。

每一位有志於成為「深度陪伴CEO」的媽媽都應該擁有這五個魔法，本書也提供了八十多個真實的家庭案例，能幫助妳更好地運用並增強執行力。希望妳能透過本書的陪伴，順利成為高能量媽媽，在愛自己的基礎上晉升為深度陪伴CEO。

目 錄

第二章【魔法 2】

讓爸爸成為
神隊友

第三章【魔法3】

讀懂孩子的
心靈地圖

第四章【魔法4】

突破
原生家庭的束縛

第五章【魔法5】

讓整個宇宙
都來幫妳

第一章

✦

對自己好一百倍

【魔法1】

每位媽媽都身兼多重角色，我們除了是孩子的媽媽，也是妻子、女兒、媳婦、員工，當我們盡心盡責努力做好每個角色，卻逐漸不重視甚至忽略了最重要的角色——自己。妳盡心盡責地扮演好所有角色，唯獨忘記自己是核心，若沒有了自己，其他角色扮演得再好，怎麼可能開心幸福呢？怎麼可能有高能量呢？

人，最重要的角色是「自己」。

對每位媽媽而言，最重要的也是做好「自己」，其次才是做好妻子、媽媽及其他角色。當妳把「自己」放在中心位置，**妳會發現，妳曾經勞心勞力「照顧」和「配合」的對象——孩子、先生、父母、公婆、孩子的老師，現在都是助力妳綻放生命的資源。**

若妳想成為高能量的媽媽，**首先要做的是第一件事是「從現在開始對自己好一百倍」。**

本章將分享十三種方法，幫助妳學會愛自己，成為高能量的媽媽。

妳太不愛自己了

➤ 別圍著孩子轉

　　孩子餓了，就馬上煮飯；孩子睏了，就趕緊哄睡，在這些過程中，妳忽略了自己的感受，總是選擇「單向犧牲」。

── 陪伴孩子不再心累 ──

　　如果妳能改變「圍著孩子轉」的狀態，開始關注自己的感受，妳會發現陪伴孩子的同時，自身也得到滋養，使自己獲得更高的生命能量。

　　我家二寶雄雄從一歲開始斷奶，因此我每天晚上大概都要花一小時哄他入睡，無論我多麼努力、多麼有耐心安撫，都需要這麼久的時間，和之前餵他母乳時的「秒睡」簡直是天壤之別。

　　我決定與其著急，還不如放下焦慮，把期待放低，不再想著一定要在半小時內把孩子哄睡，而是接受這孩子就是需要一小時才能睡著。

　　有了這樣的想法後，我頓時覺得心情輕鬆許多，到了該睡覺的時間，我

讓他在床上玩，正好我白天上班沒時間陪他，就安心享受睡前這一小時的親子時光吧。我會放下所有事，不管工作、不管時間，把孩子帶到房間，關上燈，專心地陪在他們身邊。

有時候孩子會趴在我身上玩，有時候他會在床上跳，有時候他會鬧著要開燈想出去，有時候會摸我的耳朵，有時候要我揹他……我就會想，有一個萌萌的小寶寶黏著我、親我、抱我，是多幸福的事啊。

後來雄雄會說話了，我就在他睡前固定增加了兩個「玩中學」的遊戲。一個是讓雄雄用英語向各種物品及小玩偶說晚安，利用睡前陪伴時間跟他一起說英語；另一個是問雄雄白天做了什麼、最開心的事情是什麼，訓練他的記憶力和語言表達能力。

通常，雄雄前一秒還在念叨著什麼，下一秒就沒聲了，睡著了。

當我不再把注意力全部放在「孩子什麼時候入睡」上，而是「關注自己的感受」，就不再因為孩子難以哄睡而焦慮，與孩子的睡前時光也滋養了自己的心。

　即使孩子有一堆問題也不再焦慮　

有時候，孩子會冒出一堆問題想問，讓媽媽特別抓狂：我要怎麼做才能讓孩子不拖拖拉拉？才能讓孩子不發脾氣？才能讓孩子成績變好？

當妳圍著孩子轉，心想「得解決孩子的問題，偏偏這些問題又無法在短

期內得到解決時，妳可能會很焦慮甚至因此失眠。這個時候，妳可以試著跳出「圍著孩子轉」的慣性，**先關注自己的感受和成長，先問自己：「如何藉由這件事讓自己成長呢？」**

我最喜歡的一種生活理念，**就是把所有問題都視為成就自己的機會。**這樣妳就會鼓勵自己學習、正向承擔起自己的責任。沒有人能取代媽媽的角色，也沒有人能替代妳成長，最終還是要放下依賴心理，提升自己的能力。別把生活中的問題當作困擾，如果不是遇到這麼多挑戰和問題，妳會成為現在的妳嗎？妳的人生會有更多可能性嗎？想必不會。

所以，看到孩子做事拖拖拉拉、不自動自發寫作業，同樣的錯誤犯了一遍又一遍時，不要生氣，先暫停一下，告訴自己這是孩子成就妳的機會，把「焦點」放到自己身上。妳會發現焦慮慢慢散去，剩下的是專注自我成長的平靜。

─ 即使是全職媽媽，也需要Me Time ─

有一次我出門搭小黃，遇到一位女司機，她除了上班，還得照顧孩子。她每天早上送孩子上學後就出來開計程車，開到中午十一點再回家為孩子做飯。她說，自己以前是全職媽媽，每天的生活就是做家事和照顧孩子，後來孩子上學去了，自己沒人可以說話，很容易情緒不好；後來決定出來上班，每天開車會遇到各種不同的人，還能和乘客聊天，負面情緒少了，陪伴孩子也更有耐心了。

我覺得這位媽媽真有智慧。因為全職媽媽的生活非常辛苦，生活中除了孩子就是家事，缺乏人際交流，時間久了，情緒容易低落，甚至陷入憂鬱而不自覺。

如果現在的妳也是全職媽媽，**建議妳每天給自己一點完全屬於自己的時間**，可以參加一些社交活動、和別人聊聊天，幫自己充充電，有助於擁有好心情。如此一來，妳會對孩子更有耐心，對身心非常有益，不會覺得妳全是為了孩子，而透支自己的生命能量。

☯ 別把「電量」耗盡了

許多媽媽長時間處於疲憊狀態，平日得照顧孩子的生活起居，到了週末又想為孩子安排各種活動，像是上才藝班、去遊樂場或到公園玩，明明是放假日，卻把自己的「電量」耗盡，在回家的路上或睡覺前，只要孩子稍微吵鬧，媽媽就很容易被激怒了。

記得有個週六，我想帶著樂樂一起種白菜。上午去附近的花市買白菜種子，回到家時快12：30了，急忙趕著做飯、用餐、洗碗，接著準備種菜。本來打算種在陽臺，但考慮到頂樓的光照更充足，能讓菜長得更好，於是決定搬到頂樓去。

結果，裝土的花盆太重了，我一個人搬不動，只好先把土從花盆裡鏟出來，再把花盆和土分批搬到頂樓。種完白菜，我已經累得筋疲力盡，可是當下離晚餐還有一點時間，想著樂樂前陣子一直說想看電影，於是馬上訂

了電影票，帶樂樂去附近的電影院看電影。

　　吃完晚飯後，樂樂說想去樓下玩，我便帶他下樓，回家後在睡前刷牙時，樂樂不配合，我就開始不耐煩了，說話聲音也大了起來。好在樂爸提醒了我，我才突然意識到：是自己太累了才不耐煩，而不是因為孩子不配合。如果不是整天太忙太累，我會有足夠耐心和方法來應對樂樂不配合的情況。

　　總是把自己的「電量」耗盡，也是因為媽媽的「單向犧牲」思維在作崇。大部分孩子精力旺盛、活動力強，媽媽總是很難拒絕孩子的請求，想多陪孩子玩一會兒，或帶孩子多去一個地方走走，於是不斷地說服自己「答應孩子的要求吧」、「再多玩一會兒」、「再多去一個地方」，直到自己的「電量」被消耗殆盡後，媽媽可能會在孩子要求太多或太不聽話時，對他們大吼大叫，卻未在第一時間覺察到是自己「沒電」了，才失去了陪伴孩子的耐心，無法好好地管理自己的情緒。

　　想改變電量耗盡的狀態，就需要多一些覺察，這是「愛自己」的開始。我把「愛自己」分為四個階段，媽媽們不妨藉此觀察自己看看：

　　第一階段：累了、不舒服了卻不表達，表面看不出有任何負面情緒。

　　第二階段：累了、不舒服了，雖然不表達，但是有情緒、會發脾氣。

　　第三階段：累了、不舒服了，會表達出來讓別人知道，對方也能感覺到妳有積壓的情緒。

　　第四階段：在情緒還沒有達到臨界點時，就能及時覺察身體的本能反應，發現自己累了、不舒服了，在第一時間先休息、照顧好自己的身體，

避免情緒爆發或耗盡「電量」。

如果妳處於第一或第二階段，表示妳對自己的累或不舒服缺乏感知。就像前面提到的例子，明明很累、很不舒服，還用各種理由說服自己再多陪陪孩子。

有時，我們的大腦裡會有兩個聲音，當妳有點累但還不是非常累、孩子又很需要妳時，第一個聲音會冒出來：「我累了，我不想做了。」但是這這個聲音經常被我們忽略，取而代之的是另一個聲音：「這點累還可以忍耐，為了孩子，我還可以堅持下去，沒事的。」甚至有時候這個聲音還會安慰我們：「把孩子安頓好，剩下的時間就是我的了。」但結果就是，我們往往沒能堅持到擁有自己的時間，情緒就先失控了。

想要更好地陪伴孩子成長，最重要的就是**千萬不要讓自己處於快速消耗電量的狀態**。多提升自己的覺察力，讓自己盡量處於「愛自己」的第三、四階段，接著開啟低耗電模式，當妳的能量提高，孩子才能因妳的陪伴而受益。

⌣ 不要責備自己

自我反省是很好的習慣，適度沉澱思考後能幫助自己有所成長。但是過度省思也可能阻礙妳的成長，讓妳的能量越來越低。

許多媽媽都有過度省思的習慣，凡事都從自己身上找原因，見到另一半不開心，就想自己哪裡沒做好或哪句話說得不恰當；老公拒絕幫忙帶小孩，就想是否自己的請求不合理；當情緒低落、感到無助時，就想是不是自己不夠知足，或可能是情緒管理能力太差。越想越覺得自己問題真多、

必定是自己不好⋯等。

　　我曾經也是一個習慣過度反省自己的媽媽，因為從小父母對我的教育是「凡事從自己身上找原因」。記得小學時，有個同學用筆在我的衣服上亂畫。回到家，我跟媽媽解釋是同學畫的，媽媽的第一反應是：「為什麼人家就畫妳身上，不畫其他人身上呢？一定是妳做了讓對方不開心的事。」這件事情影響我非常深遠。

　　因此，**如果妳總是從自己身上找問題，可以嘗試從父母對妳的教育方式追溯起，找出問題的根源，不要再試圖用「過度反省」來剖析自己。**

　　雖然有時候孩子的問題與妳過往對孩子的養育方式有關，但妳不用自責，更無須愧疚，因為自責和愧疚也會讓妳的能量變低；雖然有時候先生不回應妳或拒絕幫忙，可能與妳說話的語氣和情緒有關，也不必自責，因為當時的妳已經盡力做到能力範圍內最好的處理了。

　　當妳能看到自己的侷限性，就不會試圖透過「自我懲罰」來強迫自己成長。因為「自我責罰」並不會帶來正向的改變，反而會降低**自我效能**[①]，讓妳對自己越來越不滿意、越來越沒有信心，不斷損耗自己的能量。一旦能量不足，即使妳非常想改變也不會執行，因為妳「沒有心力」去行動和改變。

①　「自我效能理論」是由美國心理學家艾伯特 ‧ 班杜拉（Albert Bandura）在 1970 年代提出的，是指個人對自己能力的評價和信心，即個人對自己是否完成某項任務的信念和期望。自我效能會影響一個人在面臨挑戰和困難時的行為和情緒反應。

接納自己往前走，不再為此而情緒內耗（學員分享：燕子）

我小時候最喜歡白色的衣服，但媽媽都很擔心我把衣服弄髒，所以當我穿白色衣服時會特別緊張，這種緊張反而會讓我很快把它弄髒，回家後就被媽媽罵。

後來，我只要不小心弄髒白色衣服又洗不乾淨，情緒就會很糟，此時就會認同媽媽的話，把原因歸於自己：「都怪我不該穿白色衣服，下次應該買深色的。」後來我再也不穿白色衣服了，因為它們讓我很焦慮。

直到工作後，我有自己的收入了，才開始重新嘗試買白色衣服。我告訴自己，白色衣服本來就容易弄髒，不要怕，洗不乾淨的話再買一件就可以，而且衣服弄髒會有各種情況，我不用責怪自己，也不需要總是把責任往自己身上攬。

這位媽媽把問題歸咎到自己身上時，她的選擇是放棄；但是當她放下從自己身上找原因，並且接納「白色衣服本來就容易弄髒」，轉念選擇「髒了又清不乾淨，那就扔掉再買」時，便是選擇帶著問題繼續往前走，但能量沒有被卡在「弄髒的衣服」上，自然就不再為此情緒內耗了。

人生本來就充滿了問題和挑戰，只有具備「帶著問題前行」的勇氣，妳才能勇往直前，而不是試圖去規避問題的產生。

所以，從今天開始，不要總是往自己身上找原因。學會愛自己，才能成為高能量的媽媽。

⤳ 別被他人濾鏡下的生活影響

現在，媽媽的世界裡也非常競爭。比方在網路新聞上看到某個明星媽媽生完孩子後很快恢復小蠻腰，就覺得自己生完孩子嚴重變形的身材很醜陋。或是在社群媒體上看到其他媽媽ＰＯ的照片好像網美、養孩子是「專家」、婆媳關係和樂融融、夫妻也很親密；再看看自己，孩子問題不斷、生活好混亂、夫妻形同陌路…等，會立刻覺得自己的人生很失敗。

過度競爭的人會瘋狂外求，失去自己的判斷力、追求立即看到成果，彷彿只要慢了一點，自己就是人生輸家。妳之所以會焦慮，是因為被社群媒體上其他媽媽ＰＯ的各種美好事物蒙蔽了。然而，網路資訊不一定是完整的，其中有很多是**「倖存者偏差[②]」**。

比如，妳看到別的媽媽與孩子共讀了十本書，就認定那是她每天的真實常態嗎？如果妳總是把注意力放在別人身上，就會變得沒自信、焦慮不安，一下子覺得這個好，一下子又覺得那個好，到處跟風，使得學習的時間很多，做的時間卻很少，這會讓本來就不高的自我能量更加快速耗盡。

正確做法是「讓注意力回到自己身上」，思考自己想成為怎樣的媽媽、希望如何陪伴孩子，又該如何實現這些目標。**專注在妳的目標上，並付諸行動，將會重新聚集妳的能量。**

---

② 倖存者偏差（Survivorship bias）是由美國統計學家亞伯拉罕 · 沃德（Abraham Wald）提出的，是指因為我們只能看到倖存下來的人或事物，而忽略了那些沒有倖存下來的人或事物，導致我們對某些事物的認知出現偏差。在研究和決策中，我們需要注意到倖存者偏差的存在，以避免因為過分關注「倖存者」而導致的認知偏差。

　　了解自己當下的狀態是「依賴外界因素還是內在的信仰」很重要，思考這個問題可以幫助妳更專注在自己身上，不容易受到他人影響。

　　這個世界上最缺乏的就是時間和注意力，每個人都在想盡一切辦法用「噱頭」和「焦慮」來吸引他人注意力，請避免讓自己上當，遠離讓妳焦慮的朋友圈，做一位思緒清晰聚焦於自己的媽媽，如此將有助於妳的能量變得越來越高。

學會做「60 分媽媽」

英國精神分析學家溫尼考特（Donald W. Winnicott）在1950年提出「60分媽媽」的概念，原文是「good enough mother」（夠好的媽媽），但是也有其他心理學家習慣稱為「60分媽媽」。

溫尼考特對「good enough mother」的定義是，媽媽會給予嬰兒期的孩子全然的關注，對孩子的需求幾乎完全滿足，但隨著時間推移，媽媽不太可能一直關注孩子，對孩子願望和需求的反應開始變緩變慢，而且隨著孩子能力的增長、自我意識的發展，媽媽不被孩子需要的情況越來越多，這時媽媽容易感受到「失敗」和「被拋棄」。如何應對這樣的感受？如果我們把對嬰兒期孩子的關注和對其需求的滿足程度定義為100分的話，那麼在那個階段過後，媽媽只需要做到60分就好，能做到這一點，就是「good enough mother」。

除此之外，我認為每位媽媽也要練習降低對自己所做事情的期待，把要求自己做到將近滿分的要求，改為「做到60分」即可，如此妳會發現自己活得更輕盈、更放鬆。

別幫孩子「收拾爛攤子」

許多媽媽說帶孩子非常累,什麼事情都要盯著,就算提醒很多次,孩子也不見得會做,導致自己每天除了工作外,其餘時間全圍著孩子轉,完全沒有休息時間,更別說做自己喜歡的事情了,所以能量越來越低。

通常,有這種感受的媽媽都喜歡跟在孩子後面幫忙「收拾爛攤子」。例如:孩子進家門後脫了鞋就丟,媽媽就幫孩子把鞋子放進鞋櫃;孩子的書桌亂七八糟,媽媽就幫孩子整理;孩子到了學校發現忘記帶東西,媽媽馬上幫孩子送到學校。

這些媽媽會很困惑,明明說過那麼多次了,要他進門就把鞋放進鞋櫃、書桌要保持整潔、睡前把第二天的書包整理好,但孩子就是不聽。其實,如果幫孩子做這些事情會讓妳覺得「累」而不是享受,妳完全可以不做,還不如把收拾爛攤子的時間花在自己身上,當妳能量更高時,處理這些問題會更有耐心,更有智慧。

另外,站在孩子的角度看,正是因為他知道「反正媽媽會幫忙收拾」,所以總是不會自己做。

我現在雖然已經是兩個孩子的媽媽,但每次回到老家,母親還是會跟在我後面撿我掉在地上的頭髮,邊撿邊唸說:「怎麼掉這麼多頭髮,妳都沒看到嗎?妳看,這裡又有一根,到處都是。」

這個時候,我會習慣性地推卸責任:「我近視,看不到地上有頭髮啊。」這樣說完,我的內心如釋重負:「我確實近視,看不到啊。」但是

在自己的家，我會非常主動地每天打掃地上的頭髮。

所以，我在娘家很少主動打掃地面，並不是因為我「近視，看不到」，而是因為我有一位隨時隨地跟在我後面替我「收拾爛攤子」的媽媽，心安理得地「推卸責任」，然後不再「為自己的行為負責」，反正我不做也有人幫我做。

這就是孩子的本能反應。

如果一個孩子特別喜歡推卸責任，通常會反映出他的媽媽特別有能力，孩子會因此更加沒有責任心，這是很多家庭的現狀。比如媽媽很愛整潔，每天把家裡收拾得乾乾淨淨、整整齊齊，孩子可能就丟三落四，房間一片狼藉。媽媽每天不得不幫孩子收拾整理，時間久了，難免因一肚子怨氣而嘮叨。再比如，媽媽做事手腳俐落、非常有效率，但孩子可能拖拖拉拉，無論是做作業還是做別的事，總是在媽媽著急的催促聲中完成。

看起來很有責任感和能力的媽媽，卻可能養育出喜歡推卸責任的孩子。媽媽有責任心的本質沒有問題，媽媽的能力強也是好事，但如果毫無界限地無意識調動自己的責任心和能力，其實是把自己當成了**拯救者**[3]。

在拯救者媽媽的眼裡，孩子的所有問題都必須媽媽出手才能得到解決，

[3] 1968 年，美國心理學家卡普曼（Stephen B. Karpman, M.D.）提出了戲劇三角理論（Drama triangle），該理論將人際關係分為三個角色：拯救者（Rescuer）、受害者（Victim）和加害者（Persecutor）。在這個模型中，拯救者試圖幫助受害者，但往往會逐漸變成加害者，而受害者則會逐漸失去自主權和自我意識。這種關係是不健康的，容易導致雙方的痛苦和困惑。

小到準時吃飯、要吃一碗還是兩碗；做作業應該先讀國文還是數學，在什麼時間做完…等，都是媽媽「拯救」的範圍。

拯救者通常和受害者非常匹配。父母把自己放在拯救者的位置，孩子自然會對號入座，把自己放在受害者的位置，這樣他才需要拯救者。受害者的身分會賦予孩子「力量不夠、能力不行、我做不到」的「權利」，所以孩子可以安心地享受拯救者媽媽為自己做的一切，而不覺得自己亂扔東西、做作業慢吞吞有什麼問題，因為他們知道，反正媽媽會想辦法為他們解決問題。

每位拯救者媽媽心中的出發點都是給孩子更好的，所以想為孩子做更多。**但是，深度陪伴孩子長大的過程，卻是父母為孩子做得越來越少的過程。因為真正的愛，不是以拯救者的心態去幫孩子解決問題，而是把責任還給孩子。**

如果媽媽總是忍不住「拯救」孩子，那麼媽媽和孩子就會像磁鐵的正極和負極，只能牢牢地吸在一起，永遠無法分開。在這樣的養育方式下長大的孩子，無法成為具有生活人格和生活能力的人，只有把孩子的責任還給孩子，他們才能夠成長為自我負責的人。

最重要的是，媽媽也會因此擁有更多的時間關心自己，讓自己好好休息、有餘裕做喜歡的事情，充分地為自己補充能量。

⬤ 大膽「用」妳的孩子

當孩子想幫忙做家事時，有些媽媽會下意識地不讓孩子做，她們覺得孩子動作慢，有時候還幫倒忙，導致自己要額外花時間收拾殘局，還不如自己做比較好。這是因為她們希望事情能夠按照自己的期待進行，例如洗碗就要洗得乾乾淨淨、拖地就要拖得一塵不染、做飯就要在既定時間內完成，若不如預期，媽媽就會看不下去而感到焦慮或生氣。

但如果妳能夠嘗試接受自己是「60分媽媽」，就不會把孩子推開，而是更願意「用」妳的孩子。

孩子的成長分擔了媽媽的辛勞（學員分享：Yoyo）

之前我不喜歡讓孩子幫我備料，因為我覺得孩子會越幫越亂。但每當自己忙了一天再煮飯，整個人累翻了，煮好也吃不下了。但現在的我會讓孩子幫忙一起做。隨著孩子當二廚越來越熟練，我覺得自己做飯也越來越輕鬆，沒有像之前那麼累了。

有一天，我準備做晚飯前，孩子說要幫忙剝豌豆，我就讓她剝完豌豆後再幫忙剝玉米粒，剝完玉米粒後又順手洗了裝豌豆的盤子，孩子問我：「妳知道為什麼我會洗盤子嗎？」

我好奇地問為什麼，孩子說：「我在幼稚園學的，今天我是值日生，我幫其他小朋友一起洗碗喔。」我驚訝又開心地說：「哇，妳不只會洗碗，還幫了大家的忙，妳真棒！」

那一刻，孩子的語氣和表情好有自信呀，我也為她的進步感到開心。

當妳願意接受自己是一位「60分媽媽」，就代表妳也願意接受妳的孩子做到「60分」，這樣會讓妳和孩子都更快地行動起來。孩子的學習能力非常強，只要給他們機會不斷練習，說不定還能做到「90分」。這時候，他們就可以勝任做家事並照顧自己，妳也會更加輕鬆。

用60分的標準來要求孩子，然後再給孩子時間慢慢提升能力，在這個過程中，不僅孩子會因為能力的提升越來越有自信，妳也會因為孩子能夠幫更多忙而越來越輕鬆，得到雙贏的結果。

⌒ 和孩子相處，學會「退後一步」

有些父母不允許孩子鎖上房門，是因為想知道孩子在房間裡做什麼，擔心他們偷偷玩遊戲、上網不做功課。還有一些家庭，孩子做什麼都要向父母報告，零用錢拿來買什麼、剛才去哪裡玩、和誰在一起、做了什麼……全要交代清楚。這些都是不斷擠壓孩子的私人空間和心理空間，只會讓孩子感覺「我不自由，天天都被監控、被管得好緊」。

當孩子處於這種狀態時，就不願意聽媽媽的話。有些孩子可能會直接反抗，有些孩子會以拖泥帶水的方式消極反抗。

── 在孩子的學習上「退後一步」──

許多時候，媽媽們覺得陪孩子寫作業很累，不是因為孩子笨、不認真，也不是媽媽們教的方式不對，而是因為媽媽為了孩子學的東西太多了。

　　甚至有的媽媽認為，除了既有作業外，孩子應該有能力做得更多、學得更多，於是擅自加量。這些媽媽的初衷並不是想把孩子壓垮，也不是想讓孩子累得喘不過氣來，她們只是覺得既然孩子有能力，自己應該多多提供機會，但最後只是讓孩子的課業壓力越來越大。

　　如果不能理解孩子的感受，媽媽可以自我代入孩子的角色體會一下。

　　我在學校一整天，上課要被管、說話要被管、上課時想上廁所也要跟老師報備，在走廊和同學玩遊戲也被約束，作業沒做完也要被罵；回到家又要被媽媽管，什麼時候做作業、有沒有專心做都要被管，動作慢了要被唸，字寫得不端正要被罵……。

　　孩子一直處於「被管束」的狀態裡，會覺得很累。即使有的孩子希望父母告訴自己做什麼，給自己明確的方向，幫助自己做規劃，但不代表也喜歡被管束內心的私人領域。

　　如果妳覺得養育孩子就是告訴孩子「今天要做多少作業、幾點做、明天幾點起床」，其實是成了「為孩子分配任務」的角色，那不就和老師的角色一樣了？學校老師在孩子心中具有權威的形象，孩子會因為害怕被老師責罰而不得不去做某件事情。但是，家長應該把自己定位為一個溫暖的、支持的、陪伴的角色。

　　想像一下，在上班時，只有妳認可老闆的能力、人品、價值觀，認可他和妳溝通的方式、工作的方式，才會讓妳願意為公司努力。如果妳遇到的老闆工作能力不行、人品不好、和妳溝通時語氣不佳，甚至性格也有問

題，當他指派任務給妳時，妳會甘願去做嗎？就算內心不情願，也不得不做，是因為妳需要這份工作，要靠薪水生活。在這種情況下，如果有更好的工作機會、薪水更高，而且老闆人品好、能力強，又更關心妳的感受，妳會不會轉職？一定會的。可是孩子還有別的家可以去嗎？想想看，孩子只有這一個家，這一個媽媽、這一個爸爸。

這就是家庭和學校的區別，也是父母和老師角色的差別。

所以，如果孩子在學習方面出了問題，有時不是妳做得不夠，反而可能是妳做得太多了，佔據了孩子的心理空間和私人空間。這時，不妨「退後一步」，給孩子更多的決策權、更多犯錯的機會、更多的空間，當妳不因孩子不願按照妳的要求做而大發雷霆、心力交瘁，妳會更加輕鬆，孩子也會更加主動，寫作業和唸書或許就不會成為消耗妳能量的頭號問題了。

在孩子學習的期間，學會做一個「60分媽媽」，當妳向後退時，孩子才能主動前進，妳也才能擁有更多的時間和精力去愛自己。

— 在對孩子的說教上「退後一步」—

有些媽媽陪伴孩子的時間本來就少，還喜歡說教，把陪伴時間變成向孩子講大道理的訓話時間。即使妳的語氣溫和、初衷充滿愛，但妳會發現，無論怎麼向孩子強調那些道理，似乎都沒有太大的作用，時間久了，孩子甚至有些固執。妳只好增加說教的力度、次數和時間，反覆強調，最後身心俱疲，孩子卻無動於衷。

這是因為孩子不喜歡聽大人講大道理。大道理是大人的，不是孩子的，

而且有時候，妳想跟孩子講道理，孩子正想著或者做著其他事情，他們的注意力也不太容易馬上因應妳的需求切換過來。

有個週末早上，我看到樂樂只穿了一件厚厚的睡衣，就問樂樂冷不冷。

樂樂：「不冷。」

我：「那你摸一下肚子涼不涼。」

樂樂摸了一下肚臍，回答：「是涼的。」

我：「媽媽拿個熱水袋給你，敷一下肚子就會變暖和，好嗎？」

樂樂：「好。」

我趕緊起床，幫他在肚子上綁一個暖呼呼的熱水袋。

我：「感覺怎麼樣？」

樂樂：「好暖和。」

我：「早上起來是我們身體陽氣最盛的時候，所以可能感覺不冷，但是如果不好好保暖，身體的熱量就會流失，所以你剛才覺得肚子是涼的。明天起床第一件事情就是把衣服穿好，保護好身體的熱量，好嗎？」

樂樂：「好。」

我：「樂樂，你知道為什麼要讓肚子暖暖的嗎？」

樂樂：「不知道。」

我：「你還記得我講過『肚子裡的火車站』嗎？」

樂樂：「記得。」

我：「如果肚子是涼的，肚子裡的火車站凍住了，身體就沒法消化食

物，食物就不能為我們提供能量……」然後我就開始長篇大論地講解食物通過腸胃消化最後變成能量的過程，但我明顯感覺到樂樂有些分心了。

我：「樂樂，你有在聽媽媽講話嗎？」

樂樂：「我在聽。」

我：「可是媽媽覺得你好像沒在聽。」

樂樂：「媽媽，我不想聽了。」

我：「哦。」

樂樂：「就算我想聽，也要聽我想聽的。」

我：「那你想聽什麼呢？」

樂樂：「我想和爸爸一起看科學影片。」

這時我才注意到樂樂爸爸正在看和科學有關的影片。

本來是個溫暖有愛的早晨，最後卻因為我的「說教」而讓愛的時光提前結束了。而且，我花了不少時間講了大道理，但這些時間卻沒有為我和孩子帶來滋養。

和孩子聊天，尤其是上小學後的孩子，並不像我們認為的「只要是為孩子好，語氣平和，想聊什麼就聊什麼」。要學會在說教上「退後一步」，這樣妳對孩子的陪伴才能變成滋養、才能得到正面回饋，妳的能量也才會越來越高。如果說教太多，無論妳說什麼，孩子都聽不進去，孩子沒有成長，妳也有種「使不上勁」的感覺，妳的能量會變得越來越低。

在孩子的管教上，也要學會做「60分媽媽」。妳在說教上「退後」一些，孩子才有更多自己體驗的空間。孩子有了自己的體驗，才會真正領悟到妳想要告訴他的道理，妳才會真正變輕鬆。當媽媽自己感覺輕鬆時，整個人的能量才會更高。

降低對自己的要求

有時候妳在某件事情上反覆糾結卻遲遲無法行動，為自己找了諸多藉口，例如沒有時間、時機不成熟⋯等，這可能是因為妳想尋求「最佳方案」，並獲得「最佳結果」的緣故。

其實，糾結本身會造成很大的心理能量損耗。而妳消耗了時間和精力，卻還沒邁出第一步，這又會讓妳產生懊惱的情緒。

高要求會削弱妳的行動力

有一次，樂樂想用家裡新買的氣炸鍋做水果乾，我的第一個反應是：「今天可能做不了，家裡沒有水果。」

樂樂回答：「家裡有蘋果。不過我還是想吃芒果乾。」

我：「好啊，那媽媽現在就下單買芒果。」

一小時後，芒果送到了。

我：「我們現在收到芒果了，媽媽查一查怎麼做水果乾。」

我上網查了一會兒，對樂樂說：「我忽然想起來，今天我們可能沒辦法

做水果乾了，因為媽媽明天上午要講課，需要專心準備課程，等明天媽媽
講完課再陪你一起做水果乾好嗎？」

樂樂非常理解地接受了我的解釋，回答：「好的，那我們明天做。」

我對樂樂說的話，有理有據，既照顧了自己的需求，也照顧到孩子的需
求，看起來沒有任何問題。直到第二天下午，我在辦公室突然回想起這件
事，才發現問題在哪。其實當時我說那些話的真正原因，不是要準備第二
天的課而沒時間，其實是我還沒有找到一個確定的、可以成功烤出理想芒
果乾的方法。

我在網路上找到很多不同的方法，無論是烤溫或時間都眾說紛紜，到底
哪個方法是正確的？我很困惑，以至於出現了**「決策疲勞④」**。因此，我
推延了烤芒果乾這件事。

追根究柢，原因是「我無法接受不完美的結果」，而陷入了「高要求」
的慣性思維，為了追求完美的結果，阻礙了自己和孩子的行動力，當行動
力越弱，能量就越低。

---

④ 決策疲勞（decision fatigue）的概念是美國普林斯頓大學的心理學家羅伊 · 鮑梅斯特
（Roy F. Baumeister）和他的同事在 2000 年提出的。他們在一系列實驗中發現，人們在
連續做出多個決策後，會出現決策能力和意志力下降的現象。同時，過度糾結也會導致
決策疲勞，因為做出決策之前思考太多、猶豫不決時，會消耗大量的心理能量，同時，
過度糾結會讓人們陷入思維僵局，無法從多個選項中挑出明智的選擇而陷入困境之中，
產生決策疲勞。

如果我能接受不完美的結果，就會把幾種方案都告訴樂樂，幫他打開氣炸鍋，讓他自己嘗試看看哪個方法最適合。即使最後沒有成功做出芒果乾，至少我們實際執行了，並且排除掉不可行的方案，也是一種收穫。

有時候，行動不一定是為了有個完美結果，也可以是為了驗證哪種方案更好而做。**光想不做或者反覆糾結而不行動，是降低能量的壞習慣。只有妳和孩子的執行力都增強了，妳的能量才會越來越高。**

─ 放下「目標」，專注「過程」─

許多媽媽陪伴孩子時很用心，但孩子的表現卻不一定讓媽媽滿意。這時，媽媽的心情會降到冰點，生氣、氣餒…等各種負面情緒交織在一起，能量相當低。

亂糟糟的心情與媽媽的自我價值感有關

忙了一天工作後回到家，想陪孩子做做勞作，沒想到孩子異常興奮，把工具丟來丟去的，紙張也撕壞了；想陪孩子讀讀書，結果他把書扔得到處都是。再加上這兩天晚上孩子頻頻尿床，我睡眠不足，精神本來就不好，想到自己盡心盡力陪伴孩子，孩子卻把一切弄得亂七八糟，心情真的盪到谷底，完全不想陪他玩了，只想一個人靜一靜。

這位媽媽的心情降到冰點，是因為她期待的是，當她用心陪伴孩子做勞作時，孩子可以配合；當她陪孩子讀書時，孩子會認真聆聽。可是，她付出這麼多努力卻沒有得到期待的結果時，自我價值就受到了打擊。

但是，只有孩子的行為符合我們的期待，才是有價值的結果嗎？事實上，在養育孩子的過程中，很多事情的結果不可能完全符合我們的期待，因為孩子不是我們，是不可控的，但並不代表我們的陪伴沒有價值。

對於孩子來說，也許他覺得做勞作沒意思，撕紙才有趣，撕紙的過程也訓練了他的手指小肌肉；也許他覺得讀書沒意思，扔書更有趣，扔書只是我們看到孩子的外在表現，但在孩子的頭腦裡，也許正在進行一個自創的有趣遊戲呢！如果媽媽能夠用心觀察和感受孩子，就能看見他們的興趣所在，看見孩子在這個過程中展現的能力和優勢，同時也看到訓練了孩子的哪些能力，這也是陪伴的價值。

還有，當孩子的行為與妳的期待有落差時，給予孩子包容，同時也好奇孩子行為背後的原因，透過與孩子溝通的過程了解他們的真實想法，這也是陪伴的價值。

陪伴的價值不是單一的，而是多元的。如果我們認為事事都要按照我們的計畫進行，孩子的行為一定要符合我們的期待，這樣的要求太高了。事實上，在陪伴孩子成長的過程中，可能有90%以上的時間都無法實現這種狀態，如果不進行自我調整，會一直與挫敗感和憤怒做伴，自我能量當然會很低。

很多時候，情緒的背後與妳的價值觀有關。如果妳認為這件事情沒有達到妳的期待，它就沒有價值，妳自然會崩潰、無力。反之，如果妳認為事情沒有達成妳的期待，但自我價值仍得到了體現，妳就會很平和。因此，

想要成為一位高能量的媽媽，就要放下對於「結果」的執念，願意專注「過程」。

― 覺察永不滿足的欲望 ―

有時候，媽媽做得很好，孩子做得也很好，但是媽媽仍然能量不高，這可能是因為媽媽不斷為自己和孩子訂目標，或一直為了某個目標往前走，幾乎不曾停下來好好享受付出努力的過程，忘記要給自己和孩子肯定。

慾望止於滿足的心

自從我家養了小貓，姊姊早上賴床的問題就解決了。每天早上，姊姊會自己起床陪小貓玩，一開始我很開心，覺得終於不用天天催促她起床了。

但是過了不到半個月，我就開始不滿。因為她起床後只顧著和小貓玩，不換衣服、不刷牙、不洗臉，早晨這麼好的時光全都用來玩耍了，書也不唸了。當我覺察到這一點後，才發現人的欲望永遠都無法滿足。

最開始，我只是希望姊姊早上能自己起床，若她能做到這一點，我就會滿足。但這個願望達成後，我很快就不滿足於現狀了。而如果我沒有覺察到這一點，即使姊姊早上起床後主動換衣服、刷牙、洗臉，我也會很快再產生新的期待，比如要求她早起晨讀。

如果無論多努力、取得了多好的結果，都沒有停下來「享受它們」，總覺得做得不夠，認為「我還不夠好」、「孩子還不夠好」、「前面還有更高的目標」，那麼妳就會越來越忙碌、能量越來越低。但是，**如果妳願意停下來看看妳的努力和已經收穫的成果並認可它們，即便再忙，它們也能帶給妳很大的成就感，讓妳始終處於一種能量滿滿的狀態。**

— 允許自己犯錯 —

有許多媽媽不允許自己在孩子面前出錯，擔心自己犯錯就沒有資格教育孩子。還有一些媽媽不允許自己的孩子在其他人面前犯錯，擔心孩子犯錯會讓別人覺得家長不會教育孩子。這樣的媽媽總是力求呈現完美的樣子，孩子要「完美」，媽媽也要「完美」，進而不斷逼迫自己和孩子做得好一些、再好一些。

所有的「完美」都是妳對自己的苛刻要求，妳要求自己呈現的樣子遠遠超出力所能及的程度，妳很累，妳的孩子也會很累。這個世界上真的有完美無瑕的人嗎？當然沒有。看起來「完美」的背後，藏著很多沒有辦法真實表達的委屈、很多「假裝從不犯錯」的疲累。

我想告訴這樣的媽媽，妳可以犯錯，而且不用事事回應孩子的需求，妳的孩子也可以犯錯，不用一直很完美，不要對自己那麼苛責。媽媽沒必要總是糾正孩子的錯誤，如果他們做得不好或犯錯，或是學校老師對妳說孩子表現不好，都不代表妳是不稱職的媽媽，更不是妳做錯了什麼。有時妳忍不住對孩子大吼大叫、傷了孩子的心，一樣不代表妳是個糟糕的媽媽。

讓孩子看到媽媽也會犯錯，有些事情媽媽也可能做得不熟練，**但是媽媽從來不會因為害怕犯錯就停止嘗試，媽媽也從來不會因為自己做不熟練就停止練習**。相反地，媽媽會在犯錯後快速總結經驗進行調整，或向有經驗的人請教，透過努力練習讓自己以後做得更好。

如此，媽媽的錯誤和不完美反而能成為孩子成長的榜樣。讓孩子學會在錯誤中成長，並且接受自己的不完美，這就是「60分媽媽」的智慧。

避免攀比，量力而為

每位媽媽都想給孩子最好的教育條件，有些媽媽為了把孩子送進最好的學區和學校，甚至不惜搬家，每天花好多時間通勤；有些媽媽選擇出國留學，忍受夫妻長期分居；還有些媽媽自己省吃儉用，認為「再苦不能苦孩子」，把存下來的錢全部投資在孩子的教育上。

這種愛非常沉重。如果孩子進不了名校，媽媽會失望透頂。即使孩子進了媽媽為他選擇的名校，他也未必喜歡這所學校、能適應學校的生活。父母嚴重削弱自己的需求，只為給孩子好的教育條件，往往是出於父母的功利心。但其實只有量力而為，父母才可能有平常心，擁有平常心的父母就不容易因為孩子的舉動而焦慮。

有一位學員，她把孩子送到鄉下老家的一間幼稚園，她與我分享了她做決定的過程。

順應孩子天性，父母在能力範圍做的選擇（學員分享：艷萍）

選幼稚園時，我考慮了孩子愛玩的天性，覺得孩子必須有戶外活動，但在市區，很多幼稚園都是在商業大樓裡上課、吃飯、睡覺，在樓下公設玩耍，唯一一家有寬敞戶外場地的幼稚園，又超出我經濟能力可以負擔的。

於是我想起老家的一所幼稚園。一開始是因為這家幼稚園有寬敞的橡膠跑道和足球場，我覺得這是最能釋放孩子電力的地方。我的孩子很喜歡跑跳，我不想把他送進要求整天待在室內的幼稚園裡。

幼稚園裡有足球場，附近還有鐵路，每天孩子們在戶外活動時可以看到火車經過，我想我的孩子一定會非常開心。後來才知道，學校還有菜園、沙池，沙池裡有溜滑梯，溜下來就能玩沙子，也能在樹底下盪鞦韆…等。從我家去幼稚園的路上會經過一個生態農業示範區，那裡有各種果園，每天路過時可以觀察不同水果的生長情況，從開花到結果到水果成熟，一想到孩子能看到這些畫面，我就覺得很美好，這才是最適合孩子的成長環境。而且我們老家離市區只要半小時的車程，每天接送孩子也不影響孩子爸爸的工作，他通勤也很方便，所以我決定陪孩子回老家上幼稚園，這是我在能力範圍內能給孩子的最好選擇，而且我認為也是最適合我家孩子的選擇。

這位媽媽對孩子的愛讓我非常感動，她多麼了解她的孩子，她沒有執著於人們一般認為的「好選擇」——在都市裡上幼稚園，而是找到了她心中最適合孩子的、最理想的幼稚園。這也符合我經常說的，沒有統一標準下最好的教育條件，只要量力而為，適合孩子的就是最好的選擇。

　　所以，媽媽們不需要盲目地去攀比，也不需要執著盡全力給孩子「最好的」條件，甚至認為最貴的就一定是最好的，或者大家都想要的就是最好的。做一個「60分但用心的媽媽」，妳的孩子就會很幸福，妳也會更從容淡定，把省下來的精力用來愛自己，讓自己陪伴孩子的能量更高，藉此更有能力「看見」孩子、鼓勵孩子。

少了委屈，自然不用管理情緒

⊖ 懂孩子，情緒會自然平和

美國心理學家亞伯·艾里斯（Albert Ellis）在1950年提出了「**理情行為治療法**」[5]，認為導致我們生氣的並不是某個人或某件事，而是我們對這個人或這件事的看法和解釋。

不了解孩子時，看到他們的行為沒有達到自己的預期，妳會很容易生氣，認為孩子有問題；了解孩子行為背後的原因時，妳會明白，孩子沒有問題，他只是需要妳的理解和支援，這時，妳就不那麼容易生氣了。

我家老大樂樂上幼稚園後開始學寫字，一開始，一個字要寫半天。因為他總是寫了又擦，擦了又寫，甚至把作業本的紙都擦破了，所以才會寫得特別慢，還會為此發脾氣。

[5] 理情行為治療法（Rational Emotive Behavior Therapy，REBT）是認知行為療法的基礎，A 代表事件（Activating event），指觸發情緒的事件或情境；B 代表信念（Belief），指個人對事件的看法和解釋，是情緒產生的重要因素；C 代表情緒反應（Consequence），例如憤怒、焦慮、沮喪等。艾里斯認為，個人可以調整自己的思維方式和對事件的看法，以減少負面情緒的產生。

如果我不了解樂樂，我會覺得他動作太慢。但其實樂樂非常愛寫字也想把字寫好、寫快，所以對自己的要求很高，寫得不滿意就擦掉，總覺得自己寫不好。了解這點之後，我就不會苛責他了。

但如果不了解他，我很可能會責備他「你怎麼那麼慢」、「你都寫半小時了，一個字還沒寫完」、「你到底在做什麼」…等，這個時候，孩子本來就對自己不滿意，又受到責備，肯定更加生氣、更加否定自己。看到孩子沒做好，脾氣還越來越大，妳是否也很容易對孩子大吼大叫？

越了解孩子，對孩子行為的看法就越容易變得正面和積極，也越不容易生氣，妳會明白孩子需要的是支持和幫助。

做真實的自己

有些媽媽在外面和在家裡的表現很不一樣。在家裡，對家人「過度真實」，想說什麼說什麼，想怎麼吼孩子就怎麼吼；在外面，則會戴上「社交面具」，明明心裡不喜歡這個人，表面上還要維繫關係，或者明明很不想做某件事，卻不好意思拒絕。這樣做的結果，就是把自己在外面壓抑的情感全部釋放在家裡，讓家人來承受，這是非常糟糕的情況。

其實「過度真實」並不是「真實」。妳在對孩子發脾氣時，並沒有向孩子表達妳的愛。真實的妳不想傷害孩子，妳其實是愛孩子的。什麼是真實的自我？是能與自己真實的感受和需求進行連結。

有一次，我答應帶孩子去爬山，但是到了預定爬山的那天，我覺得很疲累，於是就對孩子說：「很抱歉，媽媽有點累了，想要休息一下。」因為我經常對孩子說「如果你累了，一定要先照顧好自己的感受和需求，不要勉強，休息好了再做事」，所以孩子也很理解我。他說：「好，媽媽，妳先休息，我可以和爸爸去爬山。」

如果不真實地表達自己的感受，我很可能因為爬山帶來的疲累，而以一件小事為引爆點就對孩子發脾氣。當我向孩子表達我的真實感受「我累了」以及我的真實需求「我想休息，不能陪你爬山了」，自身感受和需求得到了滿足，我的能量在休息中得到了補充，就不會因為疲累而對孩子發脾氣。

做真實的自己，沒有勉強自己的委屈，也沒有隱忍不表達的壓抑，就不會有情緒的壓力，自然不需刻意管理情緒。

➤ 多關懷自己

在陪伴孩子的過程中，有些媽媽有時候會忍不住對孩子說一些特別狠的話，無論孩子哭得多麼厲害、怎樣苦苦哀求，媽媽好像都很難做到心平氣和，似乎只有把氣話都說出來，媽媽整個人才會好受一些。

這其實是身體在提醒妳，該好好關注自己的需求了。

― 不要壓抑自己的需求 ―

先冷靜下來，察覺孩子的需求（學員分享：燕子）

某個夏天的週末，睡覺前有好多事情還沒做完，我讓孩子看書，自己則快速地洗澡，想陪孩子一起睡。

在吹頭髮時，孩子睏到不行，走過來問我：「媽媽，妳什麼時候可以過來陪我睡覺？」

因為頭髮還沒吹乾，很亂又很熱，孩子的催促加上時間晚了而心裡著急，我的火氣一下子被點燃了，對孩子怒吼：「為什麼要催我？你催我幹嘛？你沒看到我頭髮還沒吹乾嗎？我吹頭髮要10分鐘、敷面膜要20分鐘、洗衣服再花10分鐘，我天天照顧你們到那麼晚，我晚點睡不行嗎？你這麼大了不能自己睡覺嗎？你去聽故事、抱著玩具，自己睡就好了呀！」

我很少用這樣的語氣對孩子說話，孩子當下愣住了。

他問：「媽媽，妳能快一點嗎？」

我說：「不能！」

孩子繼續央求：「媽媽，我真的很睏了，妳能先陪我睡覺嗎？」

我堅持把我想做的事都做完，整個人很煩躁，覺得自己很委屈，我為什麼事事都要以孩子為主？所以我拒絕了他的請求：「不行！如果我先陪你睡，我的頭髮還沒乾，那我就會頭痛。你這麼大了，可以自己睡覺。」

結果孩子哭了，過了一會兒，用手揉一揉眼睛說：「好，媽媽，我知道了，那我等妳。」他坐在旁邊等我，我又擔心晚睡對孩子身體不好，想讓他先睡。

於是，我說：「不行，你不能等我，你明天要很早起床，太晚睡的話，你明天上課會沒有精神。」

他說：「可是我不想自己上床睡。」

我態度更加強硬了：「不行，你現在必須按照我說的，自己去睡覺！」

孩子呆呆地站著，不動也不說話。

這時，我冷靜了些，發現其實是怪自己沒把時間安排好，很多事在白天沒做完，打亂了晚間的作息安排，但我卻把責怪自己的情緒發洩在孩子身上。

爾後，我突然看見了孩子的需求，我請爸爸先帶孩子到他房間去唸故事書，利用這個空檔把頭髮吹乾，再到孩子房間陪他睡。孩子抓著我的手，不到五分鐘就睡著了。

想起剛才說的那些氣話，其實完全沒必要。如果我不說那些話，而是看到孩子的需求，先哄他睡覺，等他睡著後，我就能做很多事。但當時我就是想做完這些事再陪他，我不知道自己那時候為什麼那麼堅持，我已經好久沒這樣了，也好久沒有說氣話了。

不想壓抑自身需求的感受，卻還是不斷委屈自己，如果不能覺察到這一點，只是要求自己對孩子說話要平和，就等於是對自己的再次壓迫，反而更難做到溫和以對。

此外，有些媽媽對孩子和先生特別大方，但對自己過度節儉，比如：幫孩子和先生買東西都買最貴的，卻買最便宜的給自己；當孩子和先生在家時，總用心做一大桌飯菜，自己一個人在家時，卻吃剩菜剩飯將就。在現今這個時代，絕大多數的家庭都衣食無缺，上述行為看起來好像不可理

喻，但是它們的存在也有其原因。如果妳是這樣的媽媽，那妳很可能養成了壓抑自己需求的習慣。

我們每個人的行為模式都由一個個習慣疊加而成，很多時候，妳可能完全沒有意識到自己養成了某些習慣，也養成了做事的慣性，讓妳沒有機會去覺察自己這樣做時的內心感受。

如果妳能夠暫停一下，覺察自己的感受，就會發現「原來我內心是不舒服的、是累的，這並不是我最想要的」。這時，妳要勇於跳出「壓抑自己需求」的慣性，及時滿足自己的需求。當妳的需求得到了滿足，妳的內心就會像一條乾涸的河流被大雨溫潤一樣，那種飽滿、滋潤的感覺，會讓妳在面對孩子和先生時更加平靜，也會帶給妳更高的能量。

― 請停止否定自己 ―

許多媽媽會習慣性地否定自己，不接納自己的現狀，不認可自己的價值。有的全職媽媽沒有工作收入，會覺得自己一點價值都沒有。有的上班族媽媽因為常加班，沒時間多陪伴孩子，會覺得很內疚，只好在物質上多給孩子一些補償。

有些媽媽則和先生或家中長輩的育兒理念有分歧，被家人指責時，第一反應是生氣然後產生自我懷疑：我的方法是不是真的有問題？孩子這些問題是不是我造成的？有些媽媽，明明是別人不講道理傷害了自己，卻會自責地認為：「如果我當時處理得更圓融一些，也許就不會出現這麼尷尬的結果了」。

妳有沒有發現，這些對自己的「否定」和小時候父母對妳的否定，可能如出一轍？

年幼時的陰影，造成習慣性的否定自己

有一天，兒子在吃飯，飯菜掉滿了桌子，有些還掉在地上。外婆皺著眉頭很生氣地說：「看看你，吃飯都不會吃，掉得到處都是，你嘴巴破洞了嗎？和你媽小時候一樣！」

我兒子當場不高興了，就開始發脾氣。

那一瞬間，我彷彿在兒子身上看到我小時候的樣子。小時候，我也經常因為類似的事情被我媽媽批評，剛開始我很生氣，還會反駁。但是當我媽完全無視我的反駁，依然喋喋不休地否定我時，不知道從哪一天開始，我不再解釋了，因為我意識到解釋也沒用，大人們並不重視我想說的話，反而還會惹得媽媽加倍嘮叨和批評。

所以，每當被我媽否定和批評時，我總是選擇默默承受。直到有一天，我發現當我把飯菜掉在桌子上或地上時，即使我媽媽不在身邊，我也總感覺身後有人注視著我，我會很緊張地立刻把飯菜撿起來，還會怪自己笨，連吃飯這種小事都做不好。

甚至後來，有其他事情做不好時，我也會習慣性地自責和否定，覺得自己沒有價值，所以我不值得被愛。

如果妳和這位媽媽一樣總是習慣性地否定自己，請溫柔地告訴自己：**妳不需要延續父母曾對待自己的方式，用妳理想中父母的方式去肯定、包容、接納自己，才能讓妳的能量綻放出來。**

父母要多多肯定孩子，也允許孩子犯錯、不隨意批評孩子。因為批評並不能讓孩子變得更好，反而會使他們因為擔心被罵、被批評而小心翼翼，甚至不敢表達自己的真實感受，更不要說勇敢地做自己了。這位學員後來告訴我：

後來，兒子吃飯掉菜時，我就告訴自己先不要否定他，我可以幫忙處理且不為此生氣。以這樣的方式陪伴孩子成長，與此同時，我似乎也療癒了自我，慢慢地，沒有把事做好時，我也不會急於否定自己了。

這位媽媽透過對孩子的包容，療癒了自己。這就是本書一開始提到的，深度陪伴絕對不是「單向犧牲」，而是「雙向滋養」。**用心陪伴孩子的成長，也會療癒我們在原生家庭中受到的創傷。**

⬭ 經常說「我選擇」

有時候，**讓妳情緒不好、狀態低落的不是問題本身，而是卡在某個思維模式上。**

當妳覺得做某件事是「不得已、沒辦法、只能這樣」時，妳的內心必然會出現負面情緒，要嘛覺得委屈，要嘛覺得壓抑。但如果把這件事變成

「我選擇」、「我自願」，妳就會充滿熱情，擁有主動性，能量自然提升。

切換思維，輕鬆回應孩子的需求（學員分享：燕子）

有段時間，我和孩子躺在床上準備睡覺時，只要一關燈，孩子就會說「媽媽，我要喝水」、「媽媽，我要上廁所」。這讓我很煩，覺得孩子怎麼這麼多事。我會覺得很委屈，孩子又不是我一個人的，為什麼爸爸不去幫孩子拿水？為什麼其他人不用做這些？讓我很不想去做這些事，但孩子又吵著要喝水、要上廁所，我就忍不住對他發脾氣。

有一天 ，我嘗試切換思維模式：孩子是爸爸的，是爺爺奶奶的，也是我的，在他需要陪伴的時候，我想要無條件地去愛他。我突然覺得，孩子要喝水也好，要上廁所也好，要抱絨毛玩具也好，不管多少次，我都能很開心和輕鬆地回應他的需求，而且不帶任何負面情緒。

用不同心態面對同樣的事情，即使花同樣多的時間，心情也會完全不一樣。如果妳要做的是「我選擇去做的」，就不會覺得委屈，也不會失望，更不會憤怒，無論對象是孩子或另一半，都不太容易因為對方的行為沒有達到自己的期待而發脾氣。

第二章

◆

讓爸爸成為神隊友

【魔法 2】

在大部分的家庭中，媽媽陪伴孩子的時間遠遠多過於爸爸。如何讓爸爸參與育兒，是許多媽媽關心的事，可是並非所有爸爸都願意或有時間陪伴孩子。對此，有的媽媽會抱怨指責，有的媽媽會委曲求全，有的媽媽會心灰意冷，而這些情緒也會不自覺地影響孩子。

其實，每位爸爸都能在家庭裡發揮自己的價值。媽媽要做的不是讓爸爸按照自己的要求去陪伴孩子成長，而是讓爸爸在陪伴孩子這件事上「有他們發揮的空間」。

在本章中，妳會學到如何善用爸爸這個要角，讓他們更加積極有效地參與育兒，也讓妳能更有智慧地處理夫妻育兒理念的衝突，和另一半同心協力經營幸福的家庭。

五種類型的爸爸對孩子的影響

　　孩子三歲之後，如果只有媽媽的陪伴，是無法完全滿足成長過程中的需要，爸爸作為家庭力量的代表，也需要共同參與。如果爸爸能夠在有限的親子時間裡做到深度陪伴，對孩子將會產生巨大的正面影響，甚至可能超過媽媽。

　　例如我們家，在樂樂眼中，媽媽是安全港灣，遇到任何不開心的事情，都可以在媽媽這裡得到最大的情緒支持，而爸爸帶給他的陪伴則是媽媽給不了的。樂樂很喜歡跟爸爸在一起，也很崇拜爸爸，經常還不到週末就期待爸爸教自己程式設計，甚至當我們一家人在公園玩的時候，會悄悄地對我說，他想和爸爸單獨到處走走。我知道，他和爸爸之間有小祕密不想讓我知道。即使樂樂經常因為一些事情跟爸爸發生爭執，甚至因為爸爸嚴厲的話語而傷心地哭，但他還是喜歡爸爸、崇拜爸爸。

　　樂樂晚上原本是跟爺爺奶奶睡，在他四歲多的時候，有天晚上他洗完澡後不肯去爺爺奶奶的房間，想要跟爸爸睡。

　　我對他說：「爸爸待會兒還有工作，媽媽陪你睡，等你睡著了，爸爸就會過來陪著你，可以嗎？」

樂樂說：「不，我要爸爸陪我睡，我不喜歡媽媽了。」

明明半小時前還說愛媽媽，這也變得太快了。樂爸還沒有回應，我先把樂樂抱到房間去穿睡衣。樂樂很生氣，用他的方式重覆地表達：「我要爸爸陪我。」在他的強烈要求下，樂爸雖然手上工作很多，但最後還是心甘情願地陪他入睡。

我採訪樂爸：「被樂樂『欽點陪睡』的感覺怎麼樣？」樂爸臉上沒有任何表情。

我說：「怎麼不說話？我猜你一定樂歪了，就開心大笑吧！」樂爸終於忍不住，笑了出來。

有一天我問樂樂：「你最喜歡爸爸陪你做什麼？」

樂樂回答：「我喜歡爸爸陪我去爬山、陪我踢球、陪我看噴水池、陪我爬樓梯、陪我坐小火車……」他一口氣說出好多和爸爸一起做的事情。

我繼續問他：「那你最喜歡媽媽陪你做什麼？」

樂樂回答：「我喜歡媽媽陪我做勞作」我等著他繼續往下說，結果卻沒了下文。我有點失落，提醒他：「那你喜歡媽媽陪你看書嗎？喜歡媽媽陪你去圖書館嗎？喜歡媽媽陪你跑步嗎？……」

在我的提醒下，樂樂才想起來似的回答：「我喜歡呀。」

這讓我不禁思考，為什麼樂爸陪伴樂樂的時間還不到我的五分之一，但是在樂樂的心目中，爸爸卻帶給他那麼多美好的回憶呢？

答案是：媽媽給孩子的愛是像細雨春風般溫潤無形的，媽媽能讓孩子感

覺到被包容、被允許、安全和溫暖。而爸爸給孩子的愛像山一樣高大而巍峨，爸爸能讓孩子感覺到力量、勇氣、責任和含蓄。孩子三歲以後，獲得了足夠的愛和安全感，下個階段便開始追求「榜樣」的力量，而最好的榜樣就是爸爸。

美國臨床心理學家史蒂芬・波特（Stephan B. Poulter）在《爸爸是第一個老闆》⑤中列舉了對子女職涯產生重要影響的五種類型的爸爸：高成就型、不定時炸彈型、消極型、缺席型、心靈導師型。

⌣ 高成就型

高成就型爸爸，會要求孩子把一切做到最好，但同時又有「不要比我做得更好」的矛盾心理。這種內心的衝突源自爸爸自我價值的缺乏，導致孩子長大後會特別重視別人如何看待自己，而不是自己的想法和感覺。

高成就型爸爸的孩子，可能會表現出一種「受阻性」，出自於對爸爸的叛逆心理，他們在學習和工作中的表現可能無法反映出自己真正的能力。

⌣ 不定時炸彈型

不定時炸彈型爸爸，總是大喊大叫、隨意發洩自己的情緒。這種類型爸爸的孩子，在童年時代為避免爸爸發怒，總是小心翼翼地維持家裡的和平

---

① 《爸爸是第一個老闆：父子模式是職場勝出關鍵》繁體中文版於 2007 年天下文化出版（現已絕版）。

氣氛，並暗中觀察爸爸。他們錯過了成長時期所需的正常發展，長大後會為了避免衝突而取悅他人，並且容易對於無法控制的事情感到焦慮。

⬯ 消極型

消極型爸爸，不會主動或直率地談論任何有關家庭、事業或個人生活上的事，他們習慣默默付出。消極型爸爸的孩子比較被動、沉默，可能在情感表達上有些障礙，有時會懷疑自己的溝通能力以及建立有意義的人際關係的能力。

⬯ 缺席型

缺席型爸爸，會忽略或不理解孩子，也不關心這種養育方式帶來的負面影響。這類型爸爸的孩子，在與男性上司合作時或和公司裡的高層人物互動時可能會出現障礙，很容易對上司產生敵意和怒意，並且常常會有憤怒的情緒。

⬯ 心靈導師型

心靈導師型爸爸，會鼓勵、陪伴、愛護子女，他們深知父親在子女教育中的作用。這類型爸爸的孩子，具有理解別人的洞察力和同理心，會用正面的方式與別人溝通。他們能夠如此，是因為這些已經成了他們生命中身

體力行的原則。

在這些類型中，缺席型爸爸在人際關係方面帶給孩子的負面影響是最大的，尤其是男生，更需要從爸爸身上看到自己的定位，他們會模仿爸爸的行為來當成自己成長的範本。

如何鼓勵爸爸陪伴孩子

⊖ 不勉強爸爸一起成長

有些媽媽為了讓爸爸和孩子更親近，能與自己並肩成長，只要學到一些育兒新知，便迫不及待地要爸爸和自己一起學習。但這只是媽媽單方面的想法，大部分爸爸對媽媽的這種「熱情」是抗拒的。

爸爸非常抗拒照書養！？

在我們家，爸爸對於育兒的參與度一直比較高，當然這也可能和我們家一直都沒有長輩幫忙帶的情況有關吧。

我家孩子還是小嬰兒時，幫孩子洗澡、按摩、換尿布、穿衣這些事，爸爸都做得很好。孩子再大一點時，爸爸會陪孩子玩，單獨帶孩子去公園、爬山也沒問題。爸爸把工作之餘的時間都給了家庭，對此我是心滿意足的。

真正對他有怨言是從我關注育兒課程開始。上完課後，我熱切地要爸爸也去上課，但他強烈反對。看他不去上課，我就逼著他看育兒書。有一年父親節，我送他一套父親參與育兒的書，有四、五本，他拿了一本只翻幾頁就束之高閣了，還有兩本都沒拆封。

我越想讓他和我一起學習育兒理念，我們就越容易為此發生衝突。

　　為什麼爸爸們大多不願被媽媽們拉著一起學習呢？因為在育兒上，爸爸和媽媽看待的角度不一樣。媽媽覺得要帶著孩子在玩中學，爸爸們卻覺得「學那麼多有必要嗎？孩子開心就好」。媽媽們覺得要平靜有耐心地跟孩子溝通，爸爸們則可能認為，孩子做得不對就及時教育才會記住。

　　當夫妻間的認知差異過大時，媽媽想要爸爸和自己一起學習一定非常困難，永遠不可能達成一致。

　　不是爸爸不願意學習，也不是妳的育兒理念錯了，而是兩方在如何陪伴孩子這件事上的認知差異太大。在爸爸的認知裡，自己不需要學習，而每個人都只會選擇和自己認知相符的行為。

　　回想一下妳自己的改變，妳可能會更加理解爸爸的「堅持」。現在的妳是一位願意學習、願意為了孩子而成長的媽媽，那麼妳有沒有在養育孩子上堅持某個錯誤認知的時候呢？絕大多數媽媽們難免都有過。

　　我記得在樂樂兩歲多的時候，我也堅持過一些錯誤認知，認為看到孩子行為不對，就要及時糾正、引導，幫助孩子盡早養成好的習慣。我認為自己很有耐心，很溫和，也沒有對孩子發脾氣，既然是為孩子好，這樣做就是對的。

　　但是，現在的我絕對不會這樣做。

　　現在的我，在確保安全的前提下會選擇讓孩子自己去體驗，哪怕我明知道他的做法是錯的，明知道他會走很多彎路。等事後孩子發現了問題，需要我的支援，我再與他一起面對。因為只有這樣做，孩子才會有自己的體驗，透過體驗習得的道理才是他自己的。

　　每個人的成長都需要契機和時間，如果沒有一個合適的契機、沒有走過彎路，大部分人很容易陷在「堅持自己認為正確但實際上錯誤的做法」的模式裡，而且年齡越大，人越頑固。

　　因此，媽媽們千萬不要強迫爸爸學習，給他們一些時間，找到合適的契機，妳一定會發現爸爸願意主動學習。

⬯ 善用「不願意被改變」的爸爸

　　我有一位學員，每到週末都非常希望孩子的爸爸能帶孩子去戶外運動，但到了週末，爸爸只想宅在家裡休息或打遊戲放鬆，頂多陪孩子去遊樂場玩一玩。因為到了遊樂場，孩子可以自己玩，爸爸只需要在旁邊顧著就可以了。

　　這位媽媽很煩惱，她周圍家庭的朋友，每到週末都是爸爸帶著孩子去運動，而自己的孩子只有媽媽一個人陪著進行戶外運動，爸爸是不想運動的類型。她很失落也替孩子難過，總想說服爸爸，偏偏爸爸又很頑固，不願意被改變，所以只要一聊到帶孩子去戶外運動的事，兩人就很容易起爭執，夫妻關係也受到影響。

　　在我們看來，這位爸爸也許有些不近人情，甚至有些自私。許多媽媽都認為，爸爸比媽媽強壯，力氣更大，應該由爸爸陪孩子運動。尤其是男孩，如果爸爸不陪孩子運動，要怎麼訓練出強壯的力量呢？

　　但這是一個非常錯誤的刻板印象。為什麼呢？不是所有爸爸都喜歡運

動，也不是所有爸爸都擅長運動。非要一個人去做他不喜歡又不擅長的事，會不會太強人所難了呢？所以，從這個角度看，夫妻無法達成共識的原因是：媽媽堅信爸爸陪伴孩子的最好方式就是陪孩子運動。

其實，這位爸爸有他自己喜歡和擅長的事。

樂爸也不愛運動，所以我不會強迫他帶樂樂去運動。我們家最喜歡運動的人是我，所以樂樂小時候，每到週末都是我陪樂樂去爬山。樂樂三歲那年經常生病，為了增強他的抵抗力，我陪他爬了十七次。

但是樂爸喜歡美食，擅長程式設計和設計遊戲，也是很有耐心的人，所以我會讓樂爸帶樂樂去品嚐美食，或者跟樂樂一起做料理，並讓樂爸教樂樂寫程式、設計遊戲。在樂樂遇到數學難題時，也讓樂爸出手支援。樂爸做這些事情時，自己也充滿動力，根本不需要我去說服他。

如果妳想讓孩子的爸爸改變，但他不願意按照妳的期待去改變，那就先打住。妳想要改變他，無非是希望他在陪伴孩子這件事上多幫助妳，讓妳不要那麼辛苦，也希望孩子和他更加親近。想達到這個目的，妳不妨花點時間先觀察他喜歡什麼、擅長什麼，他的性格是什麼樣的，然後讓他在陪伴孩子的過程中去做他喜歡的、他擅長的、他做起來覺得舒服自在的事。我相信，沒有任何一位爸爸會拒絕這樣的幫忙。

如果爸爸喜歡看書，就讓爸爸為孩子講故事；如果爸爸喜歡美食，就讓爸爸陪孩子一起烹飪；如果爸爸喜歡玩手遊，就讓爸爸挑選一些適合孩子的遊戲，請他陪孩子一起玩。

曾經有一位學員告訴我，以前她很討厭孩子爸爸玩手遊，更討厭他帶著兒子一起玩。後來她發現，打遊戲變成了他們父子構建親子關係的一個橋樑，爸爸對孩子的影響力很大，有些事情媽媽搞不定，換爸爸出面，什麼都不用說，孩子就主動願意配合。

我舉這個例子並不是鼓勵爸爸多帶孩子玩手遊，而是想讓妳知道，**嘗試去發掘爸爸本來就具備的資源和能力，不要強行從零開始讓爸爸使用本來就不在行的能力或興趣**。這樣，爸爸會更有動力去做事，妳也不會那麼辛苦，對孩子來說，他同樣享受到有爸爸陪伴的快樂，何樂而不為呢？

➥ 讓爸爸主動陪伴孩子的訣竅

有些媽媽會希望伴侶像自己一樣深度陪伴孩子，但在部分媽媽眼中，爸爸對孩子的陪伴不符合自身要求，甚至沒什麼時間陪孩子成長，錯過了孩子童年的很多重要時刻。

妳希望爸爸不要在孩子的成長過程留下遺憾，不要錯過孩子的成長，想必已試過很多方法去改變爸爸，但這些方法不一定奏效。這是因為，沒有誰願意被改變，除非他自己願意改變。

要讓爸爸多陪伴孩子，一定要充分激發爸爸們自願改變的動力。實際上該怎麼做呢？

― 不做全能媽媽，爸爸也需要「被需要」―

爸爸在陪伴孩子上投入的時間和精力不足，並不代表他是不及格的爸爸，而是他對家庭分工的理解可能和妳有些不同。爸爸對待家庭分工的態度會決定他投入育兒的時間和精力。

有的爸爸覺得育兒主要是媽媽的責任，自己的責任是賺錢養家。同樣的時間，爸爸覺得自己花在陪伴孩子身上遠遠不及工作時帶來的成就感大，所以更傾向於在工作上付出。

有這種觀念的爸爸大多在童年時期得到的愛偏少，所以一直努力工作，想要在事業上更加成功來證明自己有價值、值得被愛。但他忽略了，自己現在也擔任爸爸的角色，他的孩子需要他的愛、需要更多的陪伴，而不是他的事業成功。

還有一些爸爸覺得自己的理念跟媽媽不一樣，在育兒方面的做法自然不同，彼此都看不慣，為了不影響家庭氛圍、想避免夫妻爭吵，爸爸選擇減少對孩子的陪伴。

抱持這種觀念的爸爸大多不喜歡與他人衝突，尤其是妻子，但又有著自己的堅持，不願意被改變或按照妻子的要求去做。他們忽略的是「想法不一樣不代表有衝突」，不一樣的育兒理念在某種情況下也可能妥協（協調夫妻間不同的育兒觀念，於本章的第二部分會詳述）。

個人主義心理學認為，一個人的所有行為都是在追求有價值與歸屬感，爸爸也不例外。

對男性來說，他們在工作上追求升職加薪，這是追求自我價值；在家庭裡，他們需要「被需要」，這也是追求自我價值。

如果爸爸在家庭裡得不到有價值的感受，就會把更多時間和精力花在工作或其他方面，以追求更多的價值感。相反地，如果爸爸對家庭的付出能獲得價值感，就會願意花更多時間與妻子孩子在一起。換句話說，爸爸只有感到被家人需要，才願意在家庭中投入更多時間和精力。

大部分爸爸參與育兒的方式和媽媽有所不同，他們做事可能比較粗糙豪邁，不像媽媽那麼精細。

之前樂爸一個人帶樂樂出門時，經常會忘記帶水杯、手帕和換洗衣服，但即使如此，樂樂還是玩得很開心。我心裡明白，選擇先接納他這一點，等到他和孩子玩得高興了，下一次再溫和地提醒他，他自然就記得了。

讓爸爸產生「被需要的感覺」，前提是讓他感到自己被充分尊重、充分接納的。如果媽媽經常批評和否定爸爸，或者經常在孩子面前說爸爸做得不好，那麼爸爸的內心只會覺得「被嫌棄」，很難產生「被需要」的感覺。反之，如果爸爸這樣對待媽媽，那麼媽媽也會因為沒感受到自己有價值而容易情緒失控。

另外，孩子對爸爸的崇拜，也是爸爸能在育兒過程投入更多精力的重要動力之一。

樂樂小時候很喜歡問問題，我經常會鼓勵樂樂等到爸爸下班後，把問題拋給爸爸，我告訴樂樂：「這個問題媽媽不懂，但是爸爸一定會。」樂爸會很詳細地講解：「人為什麼會流汗、為什麼我們感覺不到地球轉動」等問題，樂樂聽完之後就會一臉崇拜地說：「爸爸，你好厲害。」

我確實對科技、天文、地理、歷史等領域不感興趣也不擅長，而樂爸在

這些方面的知識比我懂得多，讓樂樂去問爸爸這些問題合情合理。自然而然地，樂樂就會要求爸爸陪他玩機器人和玩具無人機、教他寫程式⋯等，樂爸當然充滿興趣且動力十足。

在許多家庭中，爸爸本身並不排斥甚至很願意多花些時間和精力陪孩子，但是從中總感受不到「被需要」而產生挫敗感，所以乾脆把更多關於孩子養育的事情交由媽媽負責，以減少自己的負面情緒。

這樣的家庭，大多有一個過於苛責和強勢的媽媽，爸爸想用自己的方式陪伴孩子，卻得不到足夠的尊重和允許，而他又不願意按照媽媽的意願去調整自己的方式。為了避免衝突和對抗，爸爸放棄了自己的做法，同時也放棄了陪伴孩子的責任。

我說「苛責」和「強勢」，絲毫沒有否定媽媽們的意思，心中更多的感覺是心疼她們。因為沒有任何人願意獨自承擔家裡的大小事，除非這個人發現自己沒有依靠或無法依靠他人。

我想告訴媽媽們的是，其實妳能依靠另一半，只要放棄成為「全能媽媽」的想法，把對自己的要求放低一點，嘗試給爸爸一些機會來幫自己，哪怕對方暫時達不到妳的期待，也可以先從「授權」開始，先言語鼓勵他，再慢慢幫助對方提升能力。

樂爸以前經常對我說：「我感覺怎麼做都達不到妳的要求，乾脆妳來吧。」但是現在我經常對樂爸說：「我不是全能的，我需要你的支援，你不需要按照我的要求陪伴樂樂，盡你所能就行。」

現在開始，不妨放下自己嚴苛的要求，不做「全能媽媽」，給爸爸一些

「被需要」的機會吧。

— 找出爸爸陪伴孩子的優勢 —

有些爸爸雖然事業成功，對自己在職場上的優劣勢非常了解，但是在陪伴孩子這方面對自己的了解卻很少。但媽媽往往很敏感於這部分，同時，因為對孩子和另一半很了解，媽媽反而更容易發現爸爸陪伴孩子時的優勢，幫助爸爸更好地陪伴孩子。

我家二寶雄雄特別喜歡閱讀，從他三個月大時就開始親子共讀了，想培養他每天閱讀的習慣。在親子共讀這方面，我和孩子爸爸各有優勢。我知道雄雄喜歡哪類圖書，也知道如何為雄雄挑選合適的書，但我不太喜歡反覆講同一本書。樂爸和我不同，他非常有耐心，哪怕把一本書連續讀十遍，他也能用同樣的狀態讀給雄雄聽，這就是樂爸的優勢，我藉此不斷肯定和鼓勵他，他對於和雄雄共讀繪本就越來越起勁。

在家庭中，陪伴孩子成長本身就是父母雙方的責任。對方不能積極參與陪伴，可能不是因為他不想，**而是因為沒有察覺自己在陪伴孩子成長這件事情上的價值。**

如果妳能幫助對方看到自己的優勢和價值，他自然會主動地去做這件事，因為每個人都會尋求自我價值，爸爸不僅能看到自己在陪伴孩子上的價值，而且還是用他很擅長、做起來很輕鬆的方式，他自然不會拒絕。

─ 即使爸爸做得不好，也要多鼓勵 ─

有些爸爸剛開始也願意多陪孩子，但是慢慢地就不願意了，很多時候是因為做不好時會被媽媽批評、指責，為避免如此，他們乾脆不做了。

爸爸陪伴孩子的經驗可能不如媽媽多，細心程度也不夠高，如果剛開始就對爸爸的要求太高，容易打擊爸爸熱切的心情。所以，如果想要爸爸更好地陪伴孩子，即使他做得不夠好，也要多多鼓勵。

樂樂剛上一年級時，有一天早上，我請樂爸送樂樂上學。結果，樂樂中午回家後氣呼呼地告訴我，爸爸忘記提醒他帶早餐了，他沒吃到早餐，餓了一上午。

我並沒有指責樂爸，只是告訴他樂樂早上沒有吃早餐的事實。因為我授權他送樂樂上學，就要允許他按照他的方式去做，並鼓勵他做得好的地方——準時把樂樂送到學校。樂爸也因為這次的經驗，當我再授權他陪樂樂做什麼事，他都會先問我，有沒有什麼需要注意的地方。

我也會和樂樂溝通，一方面讓樂樂理解爸爸，告訴他爸爸不熟悉早上的流程，會忘記一些事也很正常；另一方面告訴樂樂，自己上學用的物品要自己整理，爸爸媽媽可以提醒他，但是他不能依賴我們。

樂爸剛開始在週末獨自帶樂樂出去玩時，經常會忘記幫樂樂帶水壺、手帕、衛生紙、換洗衣服，有一次樂樂真的尿濕褲子，卻沒有可以更換的褲子。不過，從此以後，樂爸就記得出門前要給樂樂帶哪些東西了。

對男人來說，有時候提醒不是那麼有用，讓他們自己體驗到問題所在之後，才能和我們同步調。

組織心理學家亞當·格蘭特（Adam Grant）說：「當其他人讓我們感到失望的時候，不是因為他們的行為本身，而是因為他們的行為沒有達成我們的期待。」

妳無法控制別人的行為，但是可以選擇不讓他人的行為影響妳的情緒。要做到這一點，媽媽們必須清楚知道自己的期望是什麼，是否需要調整為更加合理的期望。

試著允許爸爸在陪伴孩子時做得不如媽媽好、允許他按自己的方式陪伴孩子、允許他犯錯，也不因為他沒做好而煩惱、生氣。我們要先讓爸爸參與進來，再幫助他們提升育兒能力。

想鼓勵爸爸主動參與陪伴孩子，就不能用一堆要求把他們嚇跑，而要讓他們放下擔心、感受被信任，相信自己有能力處理好孩子的問題，帶著放鬆的心情接受這項挑戰；再讚美爸爸做得好的地方，讓他們看到自己陪伴孩子的能力慢慢提升，就能進入一個良性循環。最後，我們在一些不夠完美的細節上給予爸爸支持和幫助，他們就會做得越來越好。

— 讓爸爸體驗到陪伴孩子的快樂 —

做一件事能感到快樂是每個人都希望的，如果爸爸能體驗到陪伴孩子的快樂，就一定會更積極主動地參與育兒。

我曾經也想改變樂爸，最後發現這條路走不通，才換了一條讓彼此「雙

贏」的路徑，如今，樂爸在陪伴樂樂這件事上做得非常好和熟練。

　　樂樂上幼稚園時，幼稚園的親子活動幾乎都是我一個人去參加的，因為樂爸不喜歡參加這樣的活動。我在親子活動現場看到許多家庭都是爸爸媽媽陪孩子一起參加，心裡多少有些失落，我把這種失落的心情也投射到樂樂身上，覺得他應該比我還失落。別人家都是爸爸媽媽一起陪孩子，我的孩子只有媽媽陪伴，那多難過啊。

　　於是我開始勸說樂爸，但是不論我怎麼勸，樂爸都不願意參加，他更喜歡我們一家三口共渡的家庭親子時光。這就是他的偏好和性格，我說服不了他，感到很沮喪，甚至覺得他有些自私，就埋怨他：「為了孩子，你就不能改變一下自己的想法嗎？又不是天天都要參加活動。」

　　有一次，樂樂幼稚園的親子活動需要一位家長幫忙攝影。剛好樂爸特別喜歡攝影，還買了專業的設備練習。我就把樂樂學校招募攝影師的事告訴樂爸，沒想到樂爸答應了。活動結束後，樂爸拍攝的照片得到了其他家長的讚賞，樂爸也很開心。

　　從此之後，每次班級有親子活動時，樂爸幾乎都會去當攝影師。有一次，我指著班級親子活動的照片對樂爸說：「你看樂樂在親子活動中玩得多開心呀，有些項目，我體能不夠好，如果你能陪他一起參加，樂樂會更開心。」

　　我只是無意中提到這麼一次，沒想到樂爸被說動了，他說：「那我也參加下次的親子活動吧。」

　　樂爸第一次參加完樂樂班上的親子活動後，我問他感覺怎麼樣，他的回答讓我很驚訝，他說：「我覺得沒有我想像中那麼有壓力，還挺好玩的，而且我看到樂樂很開心，現在覺得偶爾參加這種活動也挺好的。」

　　我這才知道，樂爸以前非常不願意參加樂樂班上的親子活動，是因為他在陌生環境中會感到壓力，參加親子活動讓他有些不自在。但是當攝影師的過程中，他在現場感受到孩子們有爸爸媽媽陪伴的快樂，看到孩子們臉上洋溢的笑容，也發現如果自己在孩子身邊，孩子會更加開心。

　　樂爸的改變是我始料未及的，也讓我意識到，**當我放下了改變他的想法，他反而主動做了調整，自己為孩子改變。而這種改變基於他自己的體驗**，如果沒有這種體驗，只靠我不斷勸說他，可能樂樂永遠沒有機會享受到爸爸陪伴參加親子活動的快樂。

　　如果孩子爸爸本來就抗拒陪伴孩子，一開始妳更不要對爸爸期待太高，而是要想辦法讓他感受陪伴孩子的快樂，相信他會因此樂於陪伴孩子的。許多爸爸還沒參與過這類活動時，可能會誤會陪伴孩子是很煩人的事，但當他們體驗後或許就發現，孩子會追隨自己、崇拜自己、依附自己、需要自己，這種成就感、自豪感是任何工作上的成功無法替代的。

　　也許妳家孩子的爸爸還不懂得陪伴孩子的意義，還沒有體會過「陪伴的力量」，但是我相信，作為孩子的媽媽，有能力以鼓勵、信任的方式，幫助爸爸邁出第一步參與育兒，讓孩子享受到父親的陪伴。

如何讓爸爸跟孩子更親密

有些家庭，因為爸爸陪伴孩子的意識不夠，孩子和爸爸不親密，甚至在爸爸想多陪陪孩子的時候，孩子也不想要爸爸陪，只要媽媽陪。在這種情況下，如果沒有媽媽的支持，爸爸很容易產生挫敗感，感覺自己「不被需要」而更不願意陪伴孩子。

那麼，媽媽該如何幫助爸爸，讓爸爸和孩子的關係更親密呢？

― 從「吃、玩」走入孩子的生活 ―

在孩子還小的時候，生活的基本需求就是吃和玩，只要給他好吃的、好玩的，孩子就願意跟你在一起。

有一次，我去看中醫，我旁邊的診療床上躺著一位上了年紀的女士。不一會兒，闖進來一位五、六歲的小女孩，她大哭著奔向那位女士：「阿嬤，我要阿嬤。」小女孩的媽媽跟進來解釋說女兒不要自己陪，只要阿嬤陪。後來我才得知，小女孩從出生開始就由阿嬤帶，她的媽媽和爸爸平時太忙，每天晚上回家時孩子都睡著了，甚至週末也沒時間陪伴孩子。

可是阿嬤當下正在針灸，怎麼陪小女孩呢？媽媽耐心地勸著小女孩：

「阿嬤身上扎了針，妳不能靠近，會刺到，很危險」

「阿嬤生病了，要調理身體，妳讓阿嬤休息一下。」

但無論媽媽怎麼勸，小女孩一直哭著要阿嬤。最後媽媽只好說：「媽媽

帶妳去買好吃的、玩好玩的，等我們吃完、玩完回來，阿嬤就好了，到時候再讓阿嬤陪妳玩，好不好？」小女孩勉強答應了。媽媽用吃和玩解決了這個問題。

如果孩子想去遊樂園，就讓孩子去找爸爸，讓爸爸帶他去最好玩的遊樂場玩個夠；孩子想吃點心，可以讓孩子找爸爸，讓爸爸買好吃又健康的零食一起享用。從孩子吃和玩的基本需求入手，是拉近爸爸與孩子距離最簡單易行的辦法。從最容易達成的事入手，爸爸也會有成就感。

— 請媽媽賦予爸爸力量感 —

許多家庭裡是媽媽陪伴孩子的時間較多，媽媽最有話語權，慢慢地，爸爸在家裡就成了附屬角色，什麼都是媽媽說了算、什麼都按照媽媽的要求來，長久下來，爸爸在孩子面前的力量感會被削弱。

爸爸本來就因為陪伴孩子的時間少，和孩子的關係比較疏遠，如果在孩子面前沒有力量感，就更難靠近孩子了。在這種情況下，媽媽需要在孩子面前重塑爸爸的形象，幫助孩子看到不同面向的爸爸。如果爸爸在事業上非常成功，而這份成功與爸爸的某個優秀特質有相關，就可以和孩子聊聊爸爸這方面的特質；如果爸爸特別善良、熱心公益，也可以跟孩子聊聊爸爸的這些優點；如果爸爸很嚴厲，很少陪孩子卻很關心孩子的成長，並且願意多花些時間陪伴孩子，那麼也可以和孩子聊聊爸爸的想法。

這些都是幫爸爸在孩子面前重塑形象，讓爸爸更有力量感的好辦法。

除此之外，在家裡要給爸爸一定的空間。有的爸爸容易把東西弄亂、喜歡睡覺、脫下來的襪子隨手放，不摺被子…等，與媽媽的生活習慣不同，有些媽媽會忍不住當著孩子的面批評爸爸，但這樣會損害爸爸在孩子心中的形象。正確的做法是，媽媽和爸爸單獨在一起時好好聊這些事，而不是當著孩子的面。

― 創造爸爸與孩子在一起的機會 ―

許多爸爸因為工作關係，無法請假參加孩子班級的親子活動，也不可能接送孩子上才藝班，和孩子相處的時間很少。

如果妳已經學會如何激發爸爸陪伴孩子的主動性，此時就需要做好安排和計畫，為爸爸創造陪伴孩子的機會，促進他們的親子關係。

雄雄兩歲左右時，樂爸很忙，能陪伴他的時間很少，導致雄雄每天早上看到我準備去上班時會說：「媽媽不上班班，爸爸上班班。」晚上洗澡時，我會讓樂爸帶一會兒雄雄，這時雄雄會尖叫說：「我不要爸爸，要媽媽」。

後來，每天早上上班前，我會讓爸爸帶雄雄去陽臺上幫花草澆水，因為這是雄雄最喜歡做的事；每天下班後，我也會讓爸爸帶雄雄去社區裡打羽毛球，雖然雄雄不會打，但他很喜歡；我忙的時候，如果爸爸也很累，我就讓他帶雄雄去樂樂房間，因為雄雄喜歡去哥哥的房間，裡面有各種有趣的小東西。平時我們為了防止他亂翻哥哥的東西，都讓樂樂把房間反鎖，現在有機會在爸爸的陪伴下可以玩哥哥的東西，雄雄開心極了。

隨著雄雄與爸爸相處的時間增多，他對爸爸的抗拒也越來越小，慢慢地，他也願意讓爸爸陪他看書了，而這曾經是媽媽的「專利」。

身為深度陪伴的家庭CEO，幫助爸爸創造與孩子在一起的機會時，可以充分發揮統籌和協調作用。因為妳對孩子和爸爸都很了解，能找到最合適的方案，促進他們的關係。

讓爸爸的陪伴變得有規律、有儀式感

如果爸爸工作很忙、經常出差，可以建議爸爸在陪伴孩子時多做一些規律性的事，這樣即使陪伴時間不多，孩子也能感受到爸爸的存在，有助於親子關係的良性發展。

樂樂小時候，有段時間樂爸也很忙，那段時間不常陪他。但是每次下班後，爸爸都一定會帶樂樂去社區的木梯子爬上爬下，去有很多流浪貓的地方看小貓咪，他們還給這個地方取名「白貓基地」。回家時，他們也會一起爬樓梯而不是坐電梯。

在我看來，這些事情太沒意思了，好不容易陪陪孩子，怎麼不做點特別的事情？但後來我發現，孩子就是需要這種有規律的陪伴，會慢慢變成一種「儀式感」，不斷加深孩子和爸爸的共同回憶，讓孩子知道，不論爸爸是否忙碌，這份陪伴一直都在。所以每次說起喜歡爸爸陪自己做什麼時，樂樂都會一口氣說出一大堆這樣的事。

爸爸對孩子的深度陪伴，不一定需要很多時間。讓爸爸的陪伴變得有規律、有儀式感，是促進爸爸和孩子關係的好方法。

— 和孩子一起多聊聊爸爸的陪伴 —

爸爸陪伴孩子的過程中一定有很多溫馨的小細節，發生過一些帶給孩子歡樂的事，媽媽可以把這些記錄下來。當孩子和媽媽談到某些好的感受時，如果爸爸不在場，媽媽也可以把這些良好感受轉達給爸爸。透過這樣的方式，爸爸也會得到更多成就感和價值感，受到鼓勵的爸爸也會更有動力多陪伴孩子。

如果爸爸陪伴孩子的時間少，媽媽可以多和孩子聊和爸爸一起玩的事情。藉由回憶這些事的過程，可以加強孩子關於記憶的神經元連接，同時，在回憶特別開心的事情時，孩子也在加深該事件和愉悅心情的關聯程度。孩子反覆體驗這種感覺，就會對和爸爸一起玩產生更多的需求，即使爸爸總是很忙，孩子也會主動表達這個需求，讓爸爸在孩子的提醒下對自己的時間安排做些調整。

如何處理夫妻育兒理念的衝突

孩子是媽媽懷胎十月辛苦生下來的，也是媽媽付出精力日夜照顧長大的，所以媽媽的愛子之心會更迫切，更願意為孩子學習科學育兒的方法。

而爸爸對孩子的愛可能更多地表現在給孩子更好的物質條件上，爸爸們往往不會主動學習科學化或系統性的育兒知識。許多爸爸可能會想：「我的事業經營得這麼好，還需要學習怎樣養育孩子嗎？」

如此一來，家庭中就會出現育兒理念的分歧，媽媽希望爸爸和自己的育兒理念一致，更好地陪伴孩子長大；而爸爸因為沒有進行系統性學習，無法和媽媽保持同頻率，甚至不認可媽媽的教育方式。結果，媽媽在養育孩子上付出的努力得不到認可，爸爸在賺錢養家上付出的努力也得不到認可，雙方的隔閡就越來越大。

夫妻一旦在育兒理念上有衝突，就很容易出現爭執，該如何處理這種理念衝突呢？

🥄 理念衝突很正常，正面看待

其實在大部分家庭裡，夫妻的育兒理念都存在差異，一開始就有共同理念的夫妻非常少見。我和樂爸也是如此，在養育樂樂的過程中，我們的理念才逐漸磨合，所以不必為差異焦慮，這很正常。

剛開始當媽媽時，我和樂爸的育兒理念就很不同。我的育兒理念是，只需要給孩子充足的自由和空間，讓他自己去計畫，按自己的節奏實現目標；而樂爸的育兒理念是，孩子還小，很多事還不懂，需要多一些督促和提醒，才能養成好習慣和自律能力，否則孩子沒有自制力，說得好卻做不到，會耽誤成長。

我的育兒理念來自我的經驗，因為小時候我最渴望爸媽不要管我那麼多，只要和我確認好目標，我就會制訂並執行計畫，自發性地努力實現目標。而樂爸的育兒理念也來自他的經驗，他小時候也被父母管得比較多，他因此養成許多受益終身的好習慣，也讓他學習成績優異，所以他認為這樣對孩子有好處。

我們都沒法說服對方，因為每個人都更相信自己的成功經驗。

一個人的育兒理念往往與原生家庭息息相關，如果妳和另一半來自完全不同的原生家庭，那麼育兒理念不一致是很正常的。而且，大部分人在戀愛時很容易被與自己不一樣的人吸引，這個「不一樣」其實就是不同的原生家庭帶來的。

在養育樂樂的過程中,我和樂爸發現,樂樂既不完全適合我的育兒理念,也不完全適合他的育兒理念,樂樂不喜歡被督促和提醒。但如果只和樂樂一起訂目標,卻沒有跟他說明如何達成,也沒有在過程中觀察他的計畫進展或及時給予支持,那他很可能因為無法達到想要的結果而挫敗、氣餒,甚至放棄。

最後,我們結合孩子的需要和回饋,在育兒理念上達成了共識:不督促和提醒樂樂,但是要幫助孩子了解任務,並且每次完成一個小任務,都要帶著樂樂一起回顧,讓他享受更多成就感,減少挫敗感;我們會仔細觀察樂樂的情緒,發現他有情緒波動時,先傾聽他的感受,第一時間給予他情緒支持。

所以,夫妻育兒理念是否一致,並不是最重要的,**你們的理念是否適合孩子、是否真的符合孩子的需要,才是要多花時間磨合和驗證的。**

➤ 有衝突,才有更大的成長空間

許多夫妻為了孩子的事情爭吵,多半是因為彼此育兒理念有衝突。有的爸爸對孩子太兇,動不動就批評打罵;有的家庭中,爸爸對孩子太寵,媽媽很難幫助孩子養成好習慣。總之,家家都有本難念的經。

我有一位學員曾經因為和先生的育兒理念不同而相當苦惱。

爸爸太溺愛上輩子的情人

　　我老公特別寵孩子，無論什麼情況，只要孩子一哭，哪怕是要天上的月亮，他都會去摘。比如我不希望孩子吃太多零食，但爸爸對孩子有求必應，冬天吃冰淇淋、睡前吃糖還不刷牙。我覺得對女兒和兒子應該一視同仁，但是爸爸偏心女兒，經常為了討好女兒而故意貶低兒子。

　　無論女兒做了什麼，爸爸會說：「妳看妳會，弟弟都不會。」玩玩具時，女兒不玩的玩具，兒子趕快跑過去玩，女兒看到又要搶過來，爸爸就會幫女兒從兒子手中搶過來。

　　和孩子爸爸的育兒理念差異甚大，讓這位媽媽非常苦惱，促使她來學習深度陪伴的課程。後來，她的認知提升了，不再把焦點放在爸爸身上，而是用自身的陪伴潛移默化地影響爸爸，她自己的情緒受到爸爸行為影響的次數也越來越少，他們的夫妻關係改善了，爸爸也在慢慢地改變。

　　我告訴她：「正因為妳和孩子爸爸的育兒理念有差異，妳才不得不來學習，也因此妳才會成長。妳會發現，原來自己可以做的事情那麼多，**跳脫出『對方改變，現狀才會改變』的謬誤**。妳看到了自己的成長對家庭是如此重要，妳的信心提升了，夫妻關係改善了，孩子也成長得很好，甚至爸爸也在慢慢地改變，多好啊，妳要感謝當初因育兒理念發生的衝突。」

　　遇到問題時，人總習慣性地想消滅問題，覺得問題是不好的，是導致自己處於困境的原因。如果帶著這樣的想法，我們就會要求導致問題產生的人來負責：「你做得不對，所以才有問題，你需要改變。」然而讓對方改

變顯然是一件難以實現的事，於是妳陷入沮喪、無助的情緒中，認為自己是「受害者」。這樣的心態會讓妳的能量越來越低，越來越容易發脾氣，甚至會產生「這樣的日子過不下去了，還不如自己一個人帶孩子輕鬆」的想法。

其實，**這都是「問題」所產生的「問題」**。如果「問題」不再是「問題」，妳還會這樣想嗎？當然不會。

我從來不認為夫妻育兒理念有衝突是問題，因為衝突本身就是生活的一部分，而且衝突可以為彼此製造溝通機會。大部分年輕夫妻的工作很忙，難得有機會深入溝通，如果不把衝突視為問題而是機會，就可以藉此機會為了孩子的事情坐下來好好聊聊，夫妻雙方就能找到更多用溝通促進感情的方式。**所以，不妨嘗試把因育兒理念不同導致的衝突，當作成長和覺醒的契機。**

一個人如果活得非常舒適、生活順利，就不會有成長的動力。人只有對於自己的現狀不滿意，才會努力成長。所以我很感謝樂爸，正因為和他有過很多育兒理念的衝突，我才不斷地學習、成長，成為今天的我。我也很感謝我的父母，他們給了我一個缺愛的原生家庭，促使我學習成為理想的父母，讓我的孩子能夠在滿滿的愛和安全感中長大，並使我走上家庭教育的道路，成為今天的我。我還很感謝樂樂，正因為他小時候愛發脾氣、需求非常高，我才會去學習如何管理好自己的情緒、如何引導他管理情緒，然後在情緒管理方面有了很多的實戰能力。

可以說，我目前所收穫的一切都源自於問題與衝突，所以，不要害怕衝突，衝突會使妳成長。

⌒ 夫妻達成共識的三個技巧

任何人都不喜歡被別人改變，但是我相信每位爸爸媽媽都願意為了孩子未來的幸福主動做出能力所及的改變。前提是，夫妻兩人中必須有一個人先有更高階的育兒認知，並且用對方理解的語言和邏輯，明確說明這些改變對孩子的影響，這樣才能讓對方認同並且主動做出改變。

─ 尋找共同目標，把不同變同心 ─

妳要相信，夫妻兩人只要相愛，就一定能找到共同的目標，讓孩子有更好的未來。既然目標一致，就不會故意做有損孩子成長的事情、不會傷害孩子。即使爸爸會罵孩子，意識不到自己的行為對孩子的傷害，也不代表他是完全無可救藥的爸爸，這或許是因為他小時候受到家庭環境的影響，形成了暴躁的性格。此時，爸爸需要的不是苛責，反倒是從旁幫助他。

有了共同的目標，在育兒理念不同時，就可以用目標不斷提醒彼此，為了孩子做適當的改變。只是，我們要用對方能聽懂的育兒邏輯進行溝通，而不是用我們自己的邏輯單方面進行無效溝通。

夫妻用彼此認同的語言來溝通

我經常聽到孩子爸爸生氣威脅兩個孩子：「不吃飯就算了，以後都不要吃了」、「不起床是吧？那就不要起來，以後都不要上學了，自己去工作賺錢養

活自己吧。」有一天晚上，我決定和他好好聊一聊這件事。

我：「你記得以前我們討論過馬斯洛的需求層級理論嗎？」

孩子爸爸：「忘記了，妳知道我很難記住與工作無關的事情。」

我：「馬斯洛的需求層級理論將人的需求分為五個層次，有生理需求、安全需求、社交需求、尊重需求和自我實現需求。」

孩子爸爸：「然後呢？」

我：「你經常威脅孩子，說不給孩子飯吃、不讓孩子上學，你有沒有覺得你把孩子的需求拉到了最低層次的生理需求？我們的孩子一出生，生理需求就得到了充分的滿足，有一個幸福的家庭，歸屬感也得到了滿足。所以我們需要做到的是尊重他們的需求，幫助他們儘快達到更高層次的自我實現需求，你覺得呢？」

孩子爸爸沉思了一會兒 ，認同了我的說法 ，我們終於在教育孩子的理念上達成了一致。

— 借助權威第三方的說服力 —

夫妻之間經常有這樣的情況：妳很早以前就和對方講過某個理念，當下對方完全聽不進去，但如果某天對方偶然聽到權威專家講到類似的觀點，可能會相當認同，還和妳分享，好像是第一次聽到這樣的觀點。

這是因為，大部分爸爸都喜歡專業的解釋、嚴謹的資料。

如果對孩子爸爸說「我覺得這位老師講得很好」、「我用了這個方法很有效」，他們可能不願意聽，因為他們認為這只是妳個人的感覺。

所以，如果媽媽學習了深度陪伴的育兒理念和知識，不必急於分享給伴侶，因為這些知識經過妳的消化理解和轉述，可能會讓對方覺得妳加了很多主觀想法，是為了改變他而故意這樣說。

但是，如果妳把育兒專家的文章或著作，或者某個知名心理學家的觀點和課程直接分享給對方，可能更容易讓對方認同，因為這是權威提出的觀點和建議，對方不用擔心妳為了說服他而故意扭曲資訊，所以在接收資訊時更願意抱有「空杯心態」，更願意聽取其觀點和建議。

─ 用好的結果讓爸爸認同妳的育兒理念 ─

人大多是趨利避害的，只要看到某件事對自己有好處時就願意去做，看到某件事對自己有壞處時就不會去做。想要與爸爸的育兒理念達成共識時，媽媽們也可以多多運用這一點，讓爸爸意識到，與妳採取同樣的做法對他有好處。

我們家雄雄兩歲時，樂爸和他經常發生衝突，因為這個階段的雄雄已經有非常強的自我意識了，好多事情一定要按自己的想法做，如果被爸爸拒絕，就會大哭大鬧，而爸爸覺得規矩比較重要，不行就是不行，於是雄雄常常哭得非常傷心。

有天中午吃完飯，雄雄從餐椅下來，脫掉襪子在地上跑。當時是冬天，很冷，爸爸擔心雄雄著涼就趕緊追上去，告訴雄雄：「不能光著腳，會著涼的。」但雄雄才不聽呢，爸爸強行把雄雄抱起來，想幫他穿襪子，雄雄大哭，一下子就把腳上的襪子拉下來了，就是不穿。一個強行穿，一個不

肯穿，兩個人陷入僵局。

我走過去把雄雄抱過來，對他說：「媽媽知道雄雄不喜歡穿襪子，穿上襪子有些受限制是不是？但是呢，我們的腳腳不穿襪子容易著涼，著涼了就會咳嗽、流鼻涕，會生病，很不舒服，所以我們要保護好腳腳，好嗎？」然後我幫他穿上襪子，雄雄沒有任何反抗和抵觸。

我對爸爸說：「你看，雄雄表現得多棒，雖然覺得穿襪子不舒服，但還是為了不著涼而穿上襪子。爸爸覺得我們雄雄棒不棒呀？」爸爸也很配合，馬上豎起拇指表揚雄雄：「雄雄做得很棒！」雄雄很開心。我順勢對雄雄說：「媽媽知道你也不喜歡穿拖鞋，但是拖鞋也可以保護我們的腳腳哦。」然後我給雄雄穿上了棉拖鞋，他同樣沒有任何抵觸和反抗，馬上就開心地去玩了。

我對爸爸說，雄雄是「吃軟不吃硬」的性格，如果你先認可他再引導他，他會更願意聽你的建議。看到我的做法可以減少雄雄的哭鬧，雄雄更願意配合，也對雄雄更好，爸爸自然很願意用我的方法對待孩子。

我根本不需要強迫爸爸聽我的，只需要讓他看到我的做法更有效、更有利，他自然會因為「趨利避害」原則而與我同步了。

夫妻因為育兒理念不一致而陷入僵局時，媽媽不必急於追求理念要一樣，先允許爸爸與自己的理念不同，把學到的科學育兒方法用起來，用心經營與孩子的親子關係。時間久了，爸爸發現用媽媽的方式陪孩子比用自己的方式陪孩子的結果更好，就會發自內心地認同媽媽的做法。

夫妻同心協力，媽媽能量更高

一個家庭有了孩子後，夫妻之間很容易因孩子而產生衝突和隔閡。許多媽媽會因爸爸的育兒理念、認知和成長腳步與自己不同而對爸爸失去信心，寧願自己辛苦一點，以減少爭論帶來的情緒內耗。

媽媽的這種做法沒有問題，已經是當下自己能力範圍內最好的選擇了。但如果我們希望自己能量更高，並把家庭經營得更好，一定需要夫妻同心協力。兩個人共同努力好過一個人孤軍奮戰，更好過彼此拉扯。接下來探討夫妻怎麼合力讓媽媽的能量更高。

➟ 真實的自己比完全認同彼此更重要

家庭是孩子成長的土壤，可是在許多家庭中，夫妻之間總是因為隔閡與衝突，出現太多情緒內耗，例如：

我為家庭付出這麼多，這麼累，你為什麼不能多幫幫我？

我在外打拼應酬這麼辛苦，這麼累，妳為什麼不能多理解我？

我負責養家，妳負責帶孩子就好，還有什麼不滿足的呢？

你既不學習育兒，又不支持我的做法，孩子出現問題都是你的責任。

你有時間應酬，有時間出差，就是沒時間陪我和孩子，這日子還過得下去嗎？

夫妻經常發生衝突和爭吵，我認為主要有三個原因。

1.有一方覺得自己付出了很多，感到委屈和壓抑。

如果媽媽在某個環境裡得不到認同，或者感覺自己的觀點不被認可，因此感受到巨大的壓力，違心地做別人或環境期待妳做的事時，心裡就會感到非常委屈。

比如，妳原本是個大嗓門，但孩子爸爸不喜歡說話聲音太大，妳為了得到對方的認可，平時說話會刻意調低音量，甚至每次說話時都小心翼翼，就怕對方不高興，因為太在意對方是否認可妳了。

比如，妳喜歡熱鬧，但孩子爸爸喜歡清靜，妳為了讓孩子爸爸參與更多家庭活動，只好順應他的喜好，做一些安靜的活動，例如去公園裡走走、和孩子在家裡看書。時間久了，本來充滿活力的妳變得特別沉默，壓抑到都快認不出自己了。

這樣做的好處是暫時避免了衝突，夫妻關係看似和諧；壞處是妳不再是「妳自己」，妳變成了「對方期待的人」。妳心裡隱藏著一股無名火，某件小事就能觸動它的開關，讓妳大發雷霆，但對方卻覺得莫名其妙：「這麼一件小事，妳有必要發這麼大的火嗎？」對方不理解妳，所以心裡有苦說不出，時間久了，妳們難免爆發更大的衝突。

要從根源解決這些問題，妳可以嘗試真實地表達自己的需求，告訴他「我就是天生的大嗓門，我盡量照顧你們的感受，降低音量說話，但是請不要對我那麼苛責」；妳也可以嘗試滿足自己真實的需求，把孩子爸爸的看法丟在一邊，偶爾拋下爸爸，自己帶著孩子做讓妳內心舒暢的事。

從長期來看，委屈自己去獲得對方的認同，並不會讓妳們的夫妻關係更和諧，面對真實的自己反而會讓妳的能量保持在比較好的狀態，讓妳更能應對彼此的不同和衝突。

2.看不慣對方的做法，希望對方聽自己的，但是對方不聽。

這是絕大部分家庭都會出現的問題。但這些問題為什麼沒在結婚前出現呢？為什麼結婚前妳們都覺得對方那麼好，看不到對方的問題呢？

例如，結婚前妳覺得對方溫柔體貼，但婚後發現對方是一個沒有同理心、控制慾特別強的人；或者，結婚前妳覺得對方是個講道理的人，婚後卻發現對方一點都不講道理，還喜歡發脾氣、打孩子。

真相是，結婚前的我們只看到理想中對方的樣子，而不是對方真實的樣子；也有可能對方把自己真實的樣子隱藏起來，只讓妳看到「妳想看到的樣子」。

這些發現一定會讓妳感到失望，而這種失望的感受會讓妳不自覺地想改變對方，把對方變成妳期待的樣子或是妳以前看到的他。同樣地，對方也對妳做同樣的事情。於是，妳們的衝突越來越大，爭吵越來越多。

有一次，我請樂爸陪我去買衣服。買完衣服，我還需要去趟超市，樂爸委婉地表示自己累了不想去，我們出門時也沒計畫去超市。最後我成功地

說服他陪我去超市,但從超市出來後,我發現還可以順便再做點其他的事,樂爸的臉就垮下來了。而我看到他不情不願的樣子,也很生氣,覺得自己又沒有強迫他,他既然選擇陪我逛街,就不應該不高興。

樂爸的心聲是:「我不喜歡逛街,只是出於愛妳才答應陪妳買完衣服又逛超市,可是逛完超市還要繼續逛,這實在太勉強我了。」

我們的衝突在於,我眼中的對方是「不想做,就果斷拒絕」的人,但實際上樂爸是個會照顧別人感受、為別人著想的人。他自己明明不想做的事,卻因為愛我而不會斷然拒絕。但後來他覺得自己的感受不斷被忽視,身體累到極點,臉色也不好看了。

如果我堅持「我又沒有強迫你,你如果真的不願意就拒絕,但不要做了之後又抱怨」,我就是在試圖改變他的性格,把他變成「我眼中的他」。

但是,**如果我能夠看見他真實的樣子,我就會把選擇權交給他。**

例如,我請他陪我逛超市,在他回應「要多久?」或「妳出門之前沒有說要逛超市」時,我就應該意識到,他在釋放「我不太想做這件事」的信號。這時我可以主動確認他的想法:「你是不是不想逛超市?如果你不想逛,就在旁邊坐著等我或先回家,我自己去超市也可以,你不用勉強自己,我沒問題的。」

事實上,我這樣做了,此後再也沒有和樂爸為生活小事爭吵,因為我們都願意看見真實的對方,而不是試圖改變對方。**允許對方做真實的自己,也允許自己做真實的自己,夫妻之間的關係就會越來越好。**

3.自己付出了很多，對方卻看不見。

許多媽媽扮演的都是默默為家庭付出的角色，我剛結婚時也把自己設定成這樣。

每天下班回家，我會馬上換拖鞋、圍裙，進廚房忙碌，然後端出自己精心煮好的飯菜給坐在沙發上看書的樂爸吃，有一種「賢妻良母」的自豪感。吃完飯、洗完碗，我馬上拿起掃把、拖把、抹布，開始清潔，看到家裡一塵不染的樣子，我又會產生「賢妻良母」的自豪感。

可是，當我看到樂爸勉強吃了幾口我用心做的飯菜後就不再吃了，看到他穿著濕漉漉的拖鞋在我用心打掃的地板上印出髒腳印時，我會覺得憤怒，開始對他抱怨和指責。

有一天，樂爸對我說：「如果妳不喜歡煮飯和打掃，不做也可以，沒必要為了這些小事發那麼大脾氣呀。」那一刻，我突然意識到，其實我根本不享受成為「賢妻良母」的過程，我做這兩件事情的唯一動力就是讓樂爸看見我的付出。如果他看不見或者他覺得沒有價值、不重要，我的動力就消失了。

所以從那天開始，我決定做真實的自己。當我發自內心地想做頓飯犒賞自己時，就開心地做飯，至於樂爸吃不吃並不重要；當我發自內心地想打掃房間讓自己心情愉悅時，就放著音樂開心地打掃，至於樂爸是否珍惜和看見我的付出，並不重要。

從那以後，我們幾乎沒有再為做家事爭吵了。

說起婚姻的哲學，我想起自己非常喜歡的一個小故事。

長頸鹿和鱷魚相戀了，她來到城市郊區，搬進了鱷魚的小房子。但在鱷魚的小房子裡，長頸鹿走到哪兒都會撞到頭。

於是他們又一起搬進了長頸鹿的大房子裡。在長頸鹿的大房子裡，鱷魚需要爬上高高的椅子才能和長頸鹿一起吃飯，很不方便。於是，他們在地板下挖了一個洞，長頸鹿坐在地板下，只需把頭伸出來，但她的腳凍成冰棒了。

最後，他們想出一個辦法，合力修建了一個大游泳池，把家搬到了游泳池裡。住在泳池裡的他們高度相同，可以互相對望，給對方最甜蜜的微笑，所有的問題都解決了。

如果雙方能在婚姻裡做真實的自己，同時又照顧對方的需求和感受，婚姻就有了保鮮劑。

大部分婚姻都會經歷四個階段。

第一個階段：過度付出，失去自我。

剛開始戀愛時，多數人會有意無意地「失去自我」以迎合對方的需求。而一段幸福的婚姻，一定不是靠一廂情願的付出走下去的。就像我一開始為了讓樂爸看見我的付出，主動煮飯和打掃，就是典型的「看似心甘情願的付出，實則背後藏著深深的犧牲感」。

第二個階段：不再付出，活出自我。

如果一個人總是為家裡操勞，又不被伴侶看見和認可，心裡的積怨很容

易越來越多。不由得會有以下想法：

家裡髒了？對不起，我也很忙，沒時間打掃。

肚子餓了？對不起，我也很累，你自己叫外送吧。

孩子沒人管？對不起，孩子不是我一個人的，你也有責任。

你總是忘記重要節日！對不起，那我以後也要裝作不記得。

這樣下去，看起來是把焦點放在「自己」，但兩人之間就像隔了一道牆，心與心的距離越來越遠。我和樂爸也經歷過這樣的階段。剛開始，心裡的確很輕鬆，可是漸漸覺得：「我賭什麼氣呀，一點也不成熟，這樣的日子該怎麼過呀？」

但現在想起來，這個階段也很重要，這對於一邊付出一邊感到犧牲的一方來說，是調整身心、重整旗鼓的重要階段。

第三個階段：保持自我，心甘情願付出。

能達到這個狀態，我的理解是，因為雙方都能呈現真實的自我，所以付出就變得更加心甘情願和無條件了，不會有任何犧牲感。

有一年，樂爸過生日時在外地出差。我想，怎樣才能給他一個驚喜呢？後來，我從他同事那邊問到出差地址，為他訂了一束花，請他同事幫忙給他一個小小的驚喜。

其實，這樣的驚喜也是我喜歡的，但因為樂爸本身性格的緣故，從來沒有給過我這樣的驚喜，但這不影響我為他做一些有小小儀式感的事情。因為，在我們的婚姻中，他充分允許我做真正的自己。

我以前單方面的付出、失去自我，情緒暴躁時，他曾對我說：「我完全允許妳做妳自己，妳不需要為了我做任何改變。」這句話讓我放下了一邊付出又一邊索取的行為模式，也不再有犧牲感。例如，我為他的生日營造驚喜，但我不期待他在我生日時也給我驚喜。

第四個階段：看見彼此最美的樣子。

單方面成長的婚姻，註定無法走到終點，夫妻只有雙向奔赴，才是婚姻幸福美滿的祕訣。為此，就需要雙方都能看見對方最美的樣子。

但在許多婚姻裡，夫妻兩人只看到對方的缺點。

他怎麼這麼不愛說話？

他怎麼這麼不顧及我的感受？

他怎麼這麼沒有責任心？

他怎麼這麼愛玩手遊？

他怎麼這麼晚才回家？

他怎麼這麼不愛惜自己的身體？

……

而我們往往忘記了，自己當初為什麼和對方步入婚姻。

我和樂爸曾經嘗試在一本名為「愛的銀行」的筆記本上記錄彼此給對方的回饋，無論是好的，還是壞的。

剛開始記錄時，我們發現記錄對方的缺點多於優點。我心想，這不行，這樣記下去，「愛的銀行」要變成「恨的銀行」了。於是，我建議在本子上多記錄彼此的優點和進步。慢慢地，我們發現，原來自己的很多優點，

對方都看在眼裡，只不過沒有機會讓對方知道。

我們要明白，不是所有人都喜歡把愛掛在嘴邊，也不是所有人都喜歡用「說」的方式表達愛。**也許換一種表達方式，情感會在彼此心中重新流動起來。**

他不想說話，可能是因為他累了，那就給他空間，讓他安靜地做自己的事；他沒有顧及妳的感受，可能是因為他面對妳的情緒不知所措，為了不激起妳更大的憤怒，他只能默默走開；他不管孩子，可能是因為他完全相信妳有能力教育孩子，而忽略了父親在育兒中的重要性。

學會看見彼此最美的樣子，是拯救婚姻的重要關鍵。

妳擁有的不是妳理想中的他，也不是什麼都認可妳的他，而是那個真實的他，即使不完美，但是選擇和妳一起建立家庭並陪伴孩子長大的他。

◠ 擺脫「誰錯誰改變」的想法

當婚姻裡不斷發生爭吵時，妳可能會想：「憑什麼每次都是我向你道歉，憑什麼你不改？」尤其是妳知道情緒要被傾聽、被理解後，可能會想：「憑什麼我要去傾聽他的情緒，而不是他來傾聽我的情緒？」

此時的妳陷入了一個認知誤區——「誰對誰就有話語權，誰錯誰就應該改變」，而這個認知會成為妳採取正確行動的障礙。**如何破除這個障礙呢？推薦大家一個非常好用的方法：看這件事情讓誰最痛苦。**

如果最痛苦的是妳，妳就先改變，哪怕是對方做得不對。例如，先生不願意週末送孩子上才藝班，妳很生氣，但是他沒有因此感覺到任何一點痛苦，反而覺得這樣的生活很好，不陪孩子也沒什麼，甚至認為孩子沒必要上才藝班。

他沒有感到痛苦，但妳很痛苦，也許是因為妳的認知要求比他高。妳學習了養育知識，知道孩子需要深度陪伴，知道父母要成為孩子的榜樣，知道父母的學習成長有益於養育孩子。而他不知道，所以他不痛苦。這個時候誰應該先改變？只能是妳。

如何調整現狀？——先改變自己的做法

從我們家步行送孩子上幼稚園大概要二十分鐘，為了節省接送孩子的時間，我買了一輛摩托車，這樣只要六分鐘就能把孩子送到幼稚園。

有天下午，我準備去幼稚園接孩子，發現摩托車不見了。我著急地到處找但沒找到，只好走去幼稚園，因為我太晚去了，孩子不開心了好久。

晚上孩子爸爸回家後我才知道，摩托車被他騎走了。我很生氣，因為他平時上班可以開車，為什麼要騎我接送孩子的摩托車呢？而且騎走時也不告訴我，害我那麼著急，還讓孩子也不開心了。孩子爸爸很真誠地向我道歉，說以後遇到這種情況會告訴我。我以為事情就此結束了。沒想到後來仍然不時出現類似的情況，每次和他溝通時，他都會很誠懇地向我道歉，但依然故我。我跟他爭吵過幾次，覺得是他的錯，他影響了我的計畫也影響到孩子。

因為這件事，那段時間我很不開心，也為了不能改變他而痛苦。後來我想解決這件事情，既然改變不了他，那就改變我自己吧。

我想到的解決方法是，每天中午先去樓下查看摩托車在不在，如果不在，就代表被爸爸騎走了，那我就會多預留一點時間，走路去接孩子。這樣做之後，我的情緒內耗少了許多，這件事情也不再困擾我了。而且最神奇的是，我不再因此抱怨孩子爸爸，他反而記得主動告訴我「我把妳的摩托車騎走了」。

在婚姻裡更痛苦的，往往是先覺醒的那個人。現狀不能滿足妳的需求了，妳覺得妳們該往更高的層次走，所以妳才會痛苦。

中國大陸知名的心理學家——武志紅曾經說過，一個成熟的個體，要懂得「誰的感受誰負責」的道理，當一段關係或一件事情令一個人不舒服時，有了「我的痛苦我負責」的意識，這個人才有動力去改變；而如果抱持著「我的痛苦你負責」的想法，就會不斷地想改變對方。

因此，如果妳在一段關係中感到痛苦，就先從改變自己開始，無論妳有多充分的理由要求對方改變，都不可能奏效，因為對方不覺得痛苦，就沒有改變的動力。要將重點回到妳的目標上，妳希望得到對錯和公平的評斷，還是要有好的未來發展。妳的感受可能會是爭取是非對錯，但理性會告訴妳「好的結果」更重要。

記住，面對夫妻衝突，保持高能量的祕訣是：不是「誰錯誰改變」，而是「誰痛苦誰改變」。

⬬ 有衝突的婚姻也可以同心協力

媽媽們常常會探討一個問題：什麼樣的婚姻經營起來更容易、更輕鬆？是夫妻兩人的共同點多一些，還是兩人互補多一些呢？討論的結果是，各有各的優勢，也各有各的問題。

如果兩人共同點多一些，例如都愛運動，都願意帶孩子去戶外，就不存在誰該帶孩子去戶外活動的爭執。或者，兩個人都很顧家，都願意待在家裡陪伴孩子，就不存在著誰陪孩子多一點，導致心裡不平衡的問題。但這樣也會出現新問題：經營一個家庭需要的能力是多方面的，若夫妻雙方的能力和愛好太相似，家庭也會缺失一些功能。

如果兩個人互補性多一點，彼此的習慣、性格、愛好、育兒理念差異大，就容易產生分歧和衝突；但如果兩個人能夠有效調配彼此的優勢，家庭的功能就相對完整一些。

大部分夫妻的互補性都比較強，這也是許多夫妻容易爭吵的原因，他們只看到彼此的不同，而沒有想到該如何協調。所以，**如果妳的婚姻是偏互補性的，那麼首先要意識到，互補有它的優勢，要先接受這種狀態，允許彼此不一樣。然後，進一步花些時間去思考，如何將妳們的不同之處有效整合成為更大的助力，共同打造妳們的家。**

我和樂爸的性格是一個外向、一個內向，差異很大。剛結婚時，我希望他和我一樣，多參加一些社交活動，如果他不願意，我就會鬧脾氣。但是隨著對彼此的了解越來越深，我發現，他喜歡安靜、喜歡看書，是很好的事。當我工作累了或帶孩子累了，他可以很有耐心地包容我的情緒，然後

及時補位。反之，如果我們每天都一起在外面活動，那麼回到家後，誰都沒有能力為對方補充能量或承受對方的情緒，就會很容易為一點小事發生衝突。

所以，合作共創的夫妻關係，並不需要兩人完全相同，而是需要各自發揮優勢再一起努力，結果將大於兩人獨自努力。

大部分家庭的夫妻關係都會經歷以下四個階段。

第一個階段是甜蜜期：也就是從戀愛結婚到有孩子以前的階段，夫妻彼此堅信對方就是自己今生最想一起攜手慢慢變老的人。

第二個階段是爭吵期：有了孩子後，許多家庭會進入一個被雞毛蒜皮的小事填滿的生活狀態。有時候，就連孩子的尿布沒換好，都能讓夫妻大吵一架。

第三個階段是磨合期：彼此的愛都在，也都意識到了問題，雙方開始平心靜氣地坐下來討論孩子的養育問題以及溝通方式，透過不斷溝通各自的感受和需求，讓衝突慢慢減少。

第四個階段是合作共創期：雙方對養育孩子的目標和理念、家庭的發展目標、各自需要為家庭付出的時間和精力、各自的職涯發展規劃…等問題已達成共識，即使偶爾有些小摩擦也心照不宣，能夠互相接納、理解，沒有內耗，雙方齊心協力共創更加美好幸福的未來。

每一個家庭的最終目標，都是進入第四個階段──合作共創期。

在家庭中，好的夫妻關係甚至比好的親子關係更重要。所以，孩子的父母既要一起深度陪伴孩子成長，又要學會深度陪伴彼此成長。這樣，一個家庭才能減少內耗，夫妻才能齊心協力把家經營好，把孩子養育好，也讓

彼此都在婚姻裡變得更好。而夫妻關係進入合作共創期後，媽媽的能量也會越來越高。

婚姻是一場共同成長的約定

許多人把婚姻當作「幸福保證」，以為選對了結婚對象，就能一生幸福。而真相是：婚姻其實更像創業，從頭到尾一直幸福的人並不多，只是絕大部分不幸福的婚姻沒有以離婚收場而已。

為什麼創業那麼苦，成功機率那麼低，仍然有那麼多人義無反顧，即使撞得頭破血流也堅持全力以赴？除了對成功的渴望之外，還有對創業的熱情。婚姻也一樣，除了對白頭到老的期待，更重要的還有妳對這個想一起過日子的人的愛。

婚姻是否幸福，一半取決於擇偶，一半取決於妳們對婚姻的經營方式。成熟的人在做選擇前會先想清楚，一旦選擇錯誤，自己是否可以承擔後果。對婚姻來說，決定和對方一起共度餘生的那一刻，妳就需要想清楚，假設妳看錯了人，是否可以承擔可能出現的一切後果。如果不能，那就先完成自我成長，再成熟地走入婚姻。

一旦做出選擇，不管出現怎樣的結果，都只能順其自然嗎？

當然不是！既然做出了選擇，就全力以赴做好吧。

婚姻幸福的前提一定是無條件的愛和無條件的付出。只有這樣，妳才能盡最大努力去經營婚姻。有的人會想，希望對方多付出一點，才代表他夠愛我。萬一對方也這麼想，妳們的婚姻還有開始的必要嗎？

婚姻中的每個人都要先愛自己，只有將自己愛的水杯蓄滿，才有能力用好的方式愛對方，婚姻才可能幸福。很多人會將愛自己等同於一切只顧自己，不顧對方。其實，愛自己並不是自私。**愛自己的意思是，在照顧對方感受的同時不迷失自己，不忽略自己的感受，不為了迎合對方而把自己變成另外一個人。**

進入婚姻後，柴米油鹽醬醋茶的生活瑣事最能慢慢沉澱出一個人的價值觀和性格。有的人喜歡安逸，不想離開舒適區：有的人喜歡挑戰，願意嘗試生活的各種可能性；有的人喜歡抱怨批評，內心充滿無力感，永遠給不出有建設性的意見；有的人即使跌入谷底，也依然對生活充滿希望，永遠可以找到辦法克服當下的困難；有的人喜歡熱鬧，而有的人喜歡安靜；有的人追求自由，而有的人更喜歡被對方「管」的感覺。

性格是可以磨合的，不能磨合的是價值觀的問題。許多被看好的婚姻未能長久，原因是一個人已經爬到山坡，而另一個人卻還在山腳。婚姻中除了愛，還有成長，一段好的婚姻，一定會讓妳變得更好，妳和對方也在同步成長，而這份成長建立在共同的價值觀上。如果一方不斷前進，另一方拒絕前進，婚姻註定不會幸福。

對於成為媽媽的女性來說，與伴侶的育兒觀念和認知差異有多大、對方是什麼性格，他在家庭裡是付出少、抱怨多，還是經常做錯，這些全都不重要。

重要的是，只要我們把自己放在家庭深度陪伴CEO的位置，就可以把共創的夫妻關係經營好。如果我們不努力，就只剩下難受和抱怨，但如果我們努力過了，就有可能變好，即使最後彼此無法繼續共同成長，也沒有什麼好惋惜的。

武志紅曾說過一句話，我非常喜歡，也送給妳：「兩個人相遇時，實際上有六個人存在，那就是各自眼中的自己、各自在對方眼中的自己和各自真實的自己。」

也希望每位父母都能在婚姻中做自己，經營同心協力的夫妻關係，這樣妳們才能為孩子創造好的家庭土壤，給予孩子的成長助力。

第三章

◆

讀懂孩子的心靈地圖

【魔法 3】

孩子雖然是媽媽懷胎十月生的，但並不代表媽媽完全了解自己的孩子。孩子有自己的思想，有自己的精神意志。因此，妳需要具備讀懂孩子的「心靈地圖」的能力，否則，即使站在孩子面前，妳也會感覺孩子與妳的距離十分遙遠。

也許現在的妳覺得自己的孩子有許多缺點、不太聽話、學業也很普通，但這不是真相，這只是「妳眼中」的孩子。

如果耐心讀完這一章，妳將擁有讀懂孩子的能力。孩子的「問題行為」將不再是難題，妳曾經為之焦慮的問題也不再是問題，在陪伴孩子成長的道路上，妳會感到更加輕鬆。

不用羨慕別人家的孩子

⬤ 每個孩子都是天才

　　小時候，父母對我的教育更多的是「補短」，直到現在依然如此。我從未聽到媽媽主動表揚我，她說的永遠都是我做不好的地方。這讓小時候的我堅信「媽媽不愛我」，當然，現在的我明白，媽媽是愛我的，只是她不懂如何正確地表達愛。

　　許多父母都是這樣，過多地關注孩子的不足之處，很少關注孩子做得好的地方，所以沒有及時發現孩子的天賦和才能。

　　有句話是這樣說的：每個人都是天才，但如果妳用爬樹能力來判斷一條魚有多少才幹，牠會相信自己愚蠢不堪。

　　1980年代，美國哈佛大學的霍華德・加德納（Howard Gardner）博士提出了著名的「多元智能」理論（Multiple Intelligences，簡稱MI），他指出，一個孩子的能力發展是多元的，每個孩子身上都存在著八種智慧，分別是語文智能（Linguistic）、邏輯數理智能（Logical-Mathematical）、視覺空間智能（Spatial）、音品智能

（Musical）、肢體動覺智能（Bodily-Kinesthetic）、自然環境智能（Naturalistic）、人際關係智能（Interpersonal）、自我覺識（Intrapersonal）。

　　每個孩子的優勢與能力都不一樣，比如有些孩子可能語言能力很強，但數理邏輯能力較弱。

　　孩子的表達力、寫作力、記憶力、理解力…等都和「語文智能」有關；而孩子的計算能力、表達的條理性、抽象思維能力、資料分析能力，以及程式設計、解決問題的能力…等都和「邏輯數理智能」有關。

　　「視覺空間智能」是孩子對空間的感知、理解和想像力。例如，對空間進行設計、快速適應不同的空間環境、透過圖像或圖表的方式表達和傳達空間資訊、解決幾何問題的能力…等。

　　「音品智能」是孩子對音樂和音調的感知和理解能力。例如，演奏樂器、唱歌、作曲、音樂鑑賞、聽音辨音、透過音樂表達情感和思想…等。

　　「自然環境智能」是孩子對自然界的觀察和理解能力。例如，觀察動物、昆蟲、花草樹木、山林海洋，觀察大自然的生態系統、觀察自然現象的規律…等。

　　「肢體動覺智能」是孩子的身體協調和運動技能。例如，在各種體育活動方面的表現，舞蹈、手工藝品製作…等。

　　「人際關係智能」是孩子理解他人、與他人溝通和合作的能力。例如，團隊合作能力、共情能力、感知他人情感的能力、領導力…等。

　　「自我覺識」是孩子對自身情感、需求、能力和潛能的認識、理解和發

展能力。例如，孩子對自己的優勢和劣勢的了解、對自己興趣和潛能的了解、做錯事後的自我反思、目標和計畫的設定、自我激勵的能力…等。

上述每一項智能都可以成為孩子的某個天賦。這裡講的天賦是孩子與自己的其他多元智能相比，而不是跟其他人的同類智能相比。

視覺空間智能和音品智能是我家大寶樂樂的優勢智能，他很小的時候就能自行在白紙上構思出太空船空間圖，雖然他不懂得太空船的內部結構，但是可以憑藉想像構建出非常龐大和細密的系統。學樂理的時候，老師用鋼琴同時彈出兩三個音符，樂樂能準確地說出每個音符的名稱，這是他音品智能的表現。

而二寶雄雄則和哥哥不一樣。雄雄的優勢智能是自我覺識和肢體動覺智能。雄雄不到兩歲時，我們就發現，任何讓他感受不好的事情，只要經歷了一次，不需要大人再提醒，他就會主動規避。例如吃飯，如果第一口有點燙，那麼下一口要等很久，他才肯小心翼翼地用舌頭輕輕舔一下，試試燙不燙再吃；在哪裡摔過，下次路過時他就會特別小心。這些都是他自我覺識的表現。雄雄九個月時，就能用雙手抓著櫃子或書架往上爬，這就是他肢體動覺智能的表現。

許多媽媽會羨慕別人家的孩子，其實是對自己孩子不夠了解，看不到自己孩子的天賦智能，總是用別人家孩子的天賦智能來衡量自己的孩子，然後證明他不夠好。如果老師也用同樣的方式對待這個孩子，可想而知他的

學習和生活將會多麼痛苦。

所以，在深度陪伴孩子的過程中，媽媽們一定要用心去發現自己孩子的優勢智能。別人家孩子有的能力，可能妳家孩子沒有；但妳家孩子有的能力，可能別人家孩子沒有。想到這些，妳就能放下比較心。

⬤ 孩子不是一張白紙

俗話說「三歲看大，七歲看老」，其中有一層涵義是指每個孩子都有自己的天性。

三歲的孩子還未開始社會化，接受後天薰陶的時間也很短，為什麼就能夠「看大」呢？因為天性不可違，那是一個人生命裡自帶的東西。孩子並不是我們所認為的「一張白紙」，不是父母想如何塑造就能如心所願。

順應孩子的天性成長，就是最大的支持

過去，曾聽人家說孩子是一張白紙，妳怎麼畫，他就長成什麼樣。正是這句話再加上錯誤理解，讓我開始按照自己想像中女孩的模樣養育我的女兒，而我所有的想像來自於我的成長經歷和我看過的書籍。

我希望她穿上粉色公主裙，像小公主一樣出門，她卻選擇穿褲子。

我希望她學舞蹈，有纖細柔美的身材，她卻選擇和小男孩奔跑、攀岩。

我希望她學鋼琴，有一天可以在舞臺上表演，她卻喜歡玩捏陶。

我所有的希望在她身上都沒有實現。我小時候缺少的東西，她並不像我一樣在乎；我喜歡的東西，她都不喜歡，她完全沒有按照我想像的樣子成長。

直到我開始學習和執行深度陪伴，才發現孩子根本就不是一張任我畫的白紙，她有自己的天性：她喜歡動手做、閱讀偵探推理小說、喜歡幫我想鬼點子。那都是我從來沒接觸過也不了解的。

以前我不會關注自己不懂的事物，也不懂得尊重她的選擇，我的漠視讓她不能成長為真正的自己，導致她有些自卑。自從我開始讓她依循天性，不再按照自己的想法和偏好去塑造她、培育她，而是支持她發展自己的興趣愛好後，她變得越來越有自信，也能夠自己規劃學習了。

每個孩子都有自己的天性。有的孩子個性謹慎，察覺到一點危險就會馬上停止行動。如果媽媽不了解孩子的天性，很容易貼上「膽小」的負面標籤。有的孩子天生活潑好動，喜歡肢體接觸，一不注意就碰到撞到其他人或撞壞東西。如果不了解孩子的天性，可能會貼上「莽撞」的負面標籤。有的孩子天性敏感，非常在意別人的評價，為了獲得好的外在評價，做事容易綁手綁腳。如果不了解孩子的天性，則可能會貼上「沒有自信」的負面標籤。

如果對孩子多一些深度陪伴，就能儘早了解他們的天性，幫助孩子發揮天生個性的優點。找到適合自己的位置，如此，孩子會活得更加開闊。

有了這樣的認知，再去看待孩子時，無論他呈現的行為是怎樣的，父母都能更好地接納，也不會用一般的標準評判或比較，反而能帶著輕鬆的心態陪伴孩子長大。

⬯ 不亮眼的孩子是待磨的寶石

有些孩子明明很聰明，卻不願意好好學習，這是因為每個孩子都有自己獨特的學習方式。如果父母無法幫助孩子找到最適合他們的學習方式，即使孩子是珍貴的寶石，也會因為沒有仔細打磨而無法發揮真正的價值。

樂樂上幼稚園大班時，老師向我反映，他不敢主動舉手回答問題。老師主動給他機會時，他還是無法開口，如果老師稍微催促一下，他就會急得哭出來。老師認為樂樂膽子小又害羞。但是我知道，這些特質看似是缺點，背後隱藏的是樂樂獨特的學習方式。樂樂並不是不知道問題的答案，也不是因為害羞而不敢回答老師的問題，而是因為他學習時需要更多時間進行深度思考，在沒有思考到自己滿意的程度時，他不會給出答案。

樂樂和我在一起時非常喜歡思考，也特別喜歡提問、發表自己的觀點，所以我並不會因為老師的回饋而焦慮，反而會把我眼中樂樂真實的樣子告訴老師，幫助老師更了解他。

後來，我有次在網路上看到特斯拉（Tesla）執行長伊隆·馬斯克（Elon Musk）接受採訪的影片，在面對主持人的問題時，他通常會沉默，思考30～60秒後再回答。甚至有好幾次，主持人忍不住打斷他的深思，問他是不是不知道如何回答，他微笑著說：「不是的，我只是需要思考一下，才能給你更完整的回答。」

那一刻，我找到了安慰和共鳴。我把這支影片推薦給許多父母，他們的孩子也和樂樂一樣被老師貼上「膽小、害羞，不敢回答問題」的標籤。

在學校，雖然很少有老師願意花費多一些時間，等待孩子完成深度思考，讓孩子按照自己的節奏給出答案，但是父母能理解這點，先給孩子足夠的信心和希望的話，孩子就會知道：自己並不是膽小或不知道答案，我有適合自己的學習方式，不需要和其他孩子比較。

每個孩子喜歡和擅長的學習方式不同。有的孩子喜歡用聽的方式學習，在課堂上不會一直專注地盯著黑板，也能記住老師教的重點內容。面對這類孩子，父母和老師就不必強求他上課時一定要盯著黑板，更不能因此貼上「上課不專心」的標籤。

有的孩子喜歡在動態的環境中學習，對他們來說，一直坐在座位上學習是種折磨。在學習過程中讓他們站起來動一動或者上臺報告，他們的學習效率反而會更高。

有的孩子喜歡用看的方式學習，這樣的孩子聽課的學習效果會大打折扣，但如果能結合影片或者面對面實體教學，學習效果可能會比較好。

如果總是用某個特定標準來衡量孩子的能力，其實就是在用一種「均等化」和「標準化」的目光去看待他（她）。也許妳的孩子用視覺學習的能力比較不足，但他動手學習的能力遠高於平均水準，如果看不到這一點，妳就會覺得自己的孩子不夠優秀。

所以，爸爸媽媽一定要尊重孩子的學習方式，不要用統一的標準要求和評估孩子的學習能力，因為在某方面「高於平均水準」的孩子可能在其他方面很不起眼，**他們就像待開挖的寶藏，需要父母主動發現。**

⬤ 妳還在用「盲人摸象」的方式養育孩子嗎？

當孩子出現了問題行為，絕大多數父母都希望立刻得到解決辦法，所以網路上「解決問題式」的短片很受歡迎。也有許多朋友建議我錄製這樣的影片，來吸引爸媽們的注意力，這聽起來是不錯的「自我行銷」想法。

但每當我考慮錄製時，我的大腦裡就會冒出很多聲音，例如「這樣講太片面了」、「這樣講沒有覆蓋多種可能性」、「這樣講可能會誤導父母」於是我遲遲無法說服自己做這件事，我還是更喜歡向大家解說**在陪伴孩子的過程中所出現各種問題的底層邏輯，好讓父母們能有更全面的認知。**

為什麼我會這麼「固執」呢？因為我很清楚知道每個問題行為的背後，可能有多種原因，即使我說出其中三種可能性，也無法保證那是全部的可能因素，也許妳家孩子行為背後的原因不在這其中，那麼我就無法提供有效的協助。

這就好比「盲人摸象」，妳學到的每個方法都告訴妳問題要如何解決，**但每個方法都只是妳遇到的問題中的一個可能性，無法反映問題的全貌，更無法知道真正根源。**用這些片面的方法去解決問題，妳很可能會覺得沒有效果，甚至還誤以為孩子的問題太大了，並因此尋求更「強大」的方法來管教孩子，結果導致孩子的問題更加嚴重，妳也會更焦慮。

我有一位學員，她的孩子在兩年多前被醫院診斷為注意力不足過動症，一直在服用藥物。孩子治療的情況不太樂觀，出現失眠、狂躁…等症狀，每天的作業做不完，成績越來越差。老師對孩子的評價很低，導致孩子出現了厭學情緒。

　　媽媽帶孩子去醫院複診，醫生的診斷結果是孩子的症狀更嚴重了，要加重藥物劑量。媽媽非常心疼，所以尋求我的幫助。我為孩子做了全面的測量和評估，發現孩子上課不專心並不是典型的注意力不足過動症導致的，而是因為孩子本身的個性。這也就解釋了為什麼這個孩子用藥那麼久，但效果卻不好，而他的同學也在同一家醫院被診斷為注意力不足過動症，用藥效果就很好。

　　我向這位學員媽媽提出一個大膽的建議，就是停藥一段時間，然後用深度陪伴的思維給予孩子更多愛的心理能量和情感支援。一個月後，孩子的情況好轉很多；過了三個月，在經歷了一個充滿愛、溫情和自由的寒假後，孩子也有了上學的意願。媽媽幫孩子換一所學校，孩子適應得很好。媽媽告訴我，孩子長高也長胖了，現在每天晚上九點之前就能睡著，而且再也沒有出現無法完成作業的情況。

　　如果我們不能用全面的視角看待養育孩子這件事，就很容易陷入「局部」的認知偏差或認知不足，採用不恰當的方案解決問題，這對孩子來說非常不妥。

　　舉個例子，如果妳問我：「我的孩子會動手打別的小朋友怎麼辦？」我不能簡單地告訴妳，妳要耐心跟孩子溝通，告訴他「打人是不對的，可以用語言去表達，而不是打人」。因為這沒有從根本解決問題，只是「盲人摸象」的做法，有些媽媽用了效果很好，有些媽媽用了卻完全無效。

　　我會告訴妳，孩子動手打人可能有以下八種原因：

1. 有些孩子是在模仿父母對待自己的方式，也有些孩子在模仿動畫片或遊戲裡打人的場景。

2. 有些孩子因為父母的養育方式不對，缺乏存在感和掌控感，所以會欺負其他小朋友。

3. 有些孩子是為了吸引父母的注意，想要尋求關注，才欺負別人。

4. 有些孩子是因為小時候父母和自己肌膚接觸太少，產生了肌膚饑餓（skin hunger）。肌膚饑餓的孩子長大後可能會出現兩種極端的情況：一種是特別「黏人」，渴望與人接觸和親近；另一種是透過打架等方式與別人建立情感的聯繫。

5. 有些孩子打人是為了表達親近。

6. 有些孩子是因為自己的玩具經常被人搶走，而變得非常敏感，負面情緒累積過多就爆發了，只要有小朋友稍微碰到他的玩具，他就會用打人的方式捍衛自己的權益。

7. 有些孩子是因為自己的玩具被小朋友弄壞了，很生氣，用打人的方式發洩憤怒的情緒。

8. 有些孩子的動作快於語言，所以父母需要幫助孩子養成用語言表達內心感受的習慣。

作為自己家庭深度陪伴CEO的媽媽們，一定要成為最了解孩子的那個人，也一定要成為最懂得孩子需求的那個人，如此一來，無論遇到任何育兒問題都不會慌，更不會走進「盲人摸象」的養育誤區。

衷心希望更多的媽媽能夠花時間深度陪伴自己的孩子，孩子的問題才能得到快速且有效的解決。

給孩子最需要的，勝過給他最好的

◯ 幫孩子做太多，反而幫倒忙

孩子事情做不好、沒有生存能力，有時不是他不想做好。我想問問孩子的父母：

你有給他機會鍛鍊嗎？

你有給他時間成長嗎？

你有信任他，讓他按照自己的方式嘗試嗎？

― 給孩子愛，而不是溺愛 ―

許多媽媽在孩子小的時候，什麼都不讓他們做，可能嫌孩子做得慢，沒耐心等，或覺得讓孩子做事花太多時間，還不如自己做。這類媽媽認為孩子只需要專心念書，認為孩子太小，不捨得讓孩子吃苦（許多父母把讓孩子自己做事理解為吃苦，甚至讓孩子幫忙提個東西都不捨得）。

我帶樂樂去早餐店吃早餐時，經常看到許多帶孩子吃早餐的家長一直忙前忙後，幫孩子拿筷子湯匙，問孩子燙不燙、要不要紙巾，甚至餵孩子吃飯。而孩子就坐在座位上，什麼都不用做，張嘴就好。許多家長的態度都是「你坐著就好，我來幫你」。

但我每次都讓樂樂幫忙拿筷子、湯匙和紙巾。如果等了半天，早餐還沒來，樂樂有時會自己去問老闆；我們吃完後，他還會主動問老闆總共要付多少錢。

有些父母總擔心自己的孩子長大後吃不好、穿不暖，恨不得把自己的一切都給孩子，甚至想為孩子賺夠下輩子都花不完的錢，讓孩子衣食無憂。也有一些父母從來不擔心孩子的生存問題，認為那是孩子需要自己思考的問題，甚至因為擔心助長孩子坐吃山空的心態，而不把遺產留給孩子。

環球免稅集團（Duty-Free Shop，DFS）創辦人查克・菲尼（Charles Feeney）有五個子女，他們都得利用假期在飯店和超市打工。有一次，他的女兒貝利打了不少長途電話，當他收到驚人的通話帳單後，立刻切斷了電話線，並在家中貼出一張市區地圖，標上附近的公用電話位置。

菲尼幾乎把所有財產都用於成立大西洋慈善基金會，留給自己的錢不到200萬美元，也沒有留給子女任何財產。他的子女會記恨他嗎？不，他們很贊成父親的做法，甚至說：「這讓我們與普通人無異。」

大西洋慈善基金會理事會的紀錄中，留下了菲尼曾說過的一段話：「我認為，除非富人們用財富來做有意義的事，否則就是在無形中給下一代製造了麻煩。」

― 沒有界限感，孩子不會領情妳的好 ―

有些媽媽與孩子相處時，認為自己是出於好心為孩子做事，但孩子不領情，還因此很憤怒。

尊重孩子的界限感

吃晚飯時，我幫小女兒夾了一點菜，也幫大女兒夾了一些。大女兒不想吃，很不高興（大女兒已經上小學五年級，正處於青春期前期，很敏感，脾氣很大）。

我問：「怎麼啦？」

大女兒說：「我不想要，妳沒等我說完就把菜夾給我了。」

我趕緊向大女兒道歉：「對不起，媽媽沒有注意到，媽媽只是想到幫妹妹夾了，也幫妳夾一點，媽媽下次會注意。」

大女兒理解後很快就沒事了。

如果是以前，我看不到大女兒的需求，哪怕我知道應該尊重她，也做不到，我可能會說：「雖然媽媽沒有經過妳允許就幫妳夾菜，但是媽媽也是好意，妳不高興，那以後媽媽就只幫妹妹夾菜。」我會生她的氣。

現在我能做到尊重她，是因為我知道界限感很重要，即使我認為「對孩子好」，但是如果孩子不需要，我就不再堅持。

妳認為妳給了孩子最好的，孩子卻不領情時，就要覺察是不是缺少了「界限感」？尊重孩子的界限感，才能給予孩子真正需要的愛。

— 不要為孩子的問題負責 —

有些媽媽認為，在孩子不開心時讓他們心情變好是媽媽的責任，完全不考慮出現的問題應該由誰負責，總是習慣性地替孩子負責或找外部原因來怪罪。

有一次，樂樂和一個小朋友一起玩，要道別時，樂樂說：「媽媽，我要回去看書。」小朋友的媽媽就說：「你看樂樂多愛看書，你也要回去多看書哦。」小朋友嘟起嘴不開心地說：「媽媽，妳今天忘記提醒我要把書帶到學校和同學交換，我的書都看了好幾天了，還沒換新的呢。」

媽媽趕緊向孩子道歉：「對不起，是媽媽忘記提醒妳了，是媽媽的錯。」

樂樂聽了對我說：「媽媽，跟同學交換書是他自己的事情，為什麼要媽媽提醒呢？是他自己忘記帶書了，根本不關他媽媽的事。」

這位媽媽看到孩子不開心，就趕緊站出來為孩子發現的問題負責，以此來安撫孩子。其實，換書是孩子自己的事情，「忘記了」也是孩子自己的事情，媽媽不必為此負責。

孩子自己的問題，媽媽不需要負責，反而應該給孩子為自己負責的機會，他們才能有所成長。讓孩子學會為自己的事情負責，才是真正為孩子好。

有名教育家馬卡連柯（Makapehko）說過：「一切都讓給孩子，為了他犧牲一切，甚至犧牲自己的幸福。這是父母送給孩子最可怕的禮物。」

妳是不是這樣的父母？溺愛著孩子，不給他機會做自己可以做的事情？如果是，那麼從今天開始，嘗試多放手讓孩子自己解決問題，允許孩子經歷困難和挑戰，讓孩子承擔自己應該承擔的責任，或許才是他們真正需要的愛。

➾ 越無理取鬧的孩子，越需要愛

有一位學員，她的孩子愛發脾氣，經常無理取鬧，缺乏安全感和同理心。她覺得孩子是故意和自己作對、讓自己不開心，所以經常忍不住對孩子大吼大叫。然而，每當她平靜下來，看到孩子可憐的樣子，又會陷入深深的自責，後來她跟我分享了一件事。

關注孩子的感受

某個週六晚上 ，我請阿嬤帶兒子去刷牙，我去哄女兒睡覺。阿嬤幫兒子刷牙時，不小心弄濕了他的衣領，他就對阿嬤大吼，氣呼呼地跑回自己房間要求換上衣，其實衣服只濕了很小一塊，不需要換。每次不如他的意，就開始哭鬧、大吵，阿嬤也很生氣說他不懂事。我聽到後從女兒房間出來，拉住他，要他跟阿嬤道歉並生氣地指責他「不禮貌」，但他重重地關上了門，我更生氣了，又把他罵了一頓。

我說：「不可以對長輩不禮貌，阿嬤和媽媽辛苦了一天，你為什麼這麼不懂事？你不僅不體諒大人的辛苦，還為這點小事無理取鬧、大吵大鬧，有

話為什麼不能好好說？做錯事就是要道歉，你難道不知道嗎？」我越講越生氣，要他一定要向阿嬤道歉。

在學習深度陪伴之後，這位媽媽意識到，**孩子之所以會出現哭鬧、大吵的行為，其實是因為他的感受沒有得到認同和接納**。有了這樣的覺察和反思，媽媽改變了以前先指責的行為模式，而是改為關注孩子的感受。她驚喜地發現，孩子變得越來越體貼媽媽、越來越懂事了，和之前那個無理取鬧的孩子簡直有天壤之別。

這就是我經常講的，**孩子的一切不當行為都是在呼喚愛**。

那些故意和父母作對的孩子、無理取鬧的孩子，都是渴望愛而得不到愛。當媽媽看到了孩子內心的情感需求，以愛作為回應，他們自然變回了講道理的孩子。

正確地愛孩子，孩子才能擁有幸福。

「尊重」的誤區

在養育孩子這件事情上，許多媽媽會人云亦云進入養育誤區。比如，有的媽媽聽說要接受孩子在不想做某事時尊重他，於是任由孩子隨心所欲。這樣的後果是沒有看到孩子行為背後的原因，錯過了幫助孩子發展自信心和更多能力的機會。

以上才藝班這件事為例，媽媽為孩子選擇的才藝班，如果孩子不想上了，該怎麼辦呢？

有些媽媽會說：「那當然要尊重孩子呀，孩子不想上，就別去了，再問他想學什麼，換他想上的課。強迫孩子學習，只會磨滅孩子對學習的興趣。」也有些媽媽說：「我們家孩子之前學鋼琴，學著學著就不想學了，但是我覺得做事情要有始有終，所以就要求他學下去，現在我們家孩子學得挺好，對鋼琴也滿有興趣的。所以我覺得不能完全聽孩子的，我們大人比孩子更有判斷力，要替孩子把關。」

其實，這兩種育兒理念都不正確，都是常見的育兒誤區。因為我們只看到孩子表面的行為，而沒有結合自家孩子的天賦、性格特質和學習模式來分析孩子行為背後的原因。

只有找到孩子行為背後的原因，才能找到正確的解決方案，否則就是人云亦云，會對育兒理念斷章取義。

樂樂上幼稚園時，我幫他報名籃球課，他班上的孩子們運動能力都很強，因為比樂樂學得早，所以基礎都很好。

雖然教練偶爾會單獨教他，但樂樂還是跟不上其他同學的進度，他越學越挫敗，教練指出他動作不到位時，他的自尊心很受傷。最後樂樂跟我說：「媽媽，我不喜歡籃球，我不想學了。」雖然他口頭上說不喜歡籃球、不想上課，但身為媽媽的我很清楚地知道他喜歡籃球。他正在經歷挫敗感，真正需要的是我的支援，而不是我同意他放棄學習籃球。

雖然沒能幫他找到更合適的老師，但我還是選擇了退課，然後自己教他。因為我懂他，我可以用最符合他特質的方法恢復他的自信心，同時幫助他意識到：只要不斷練習，就會有所進步；只要每天進步一點點，就能不斷向目標邁進。

起初樂樂只能單手連續拍球六下，我幫他設定一個又一個的小目標，先拍到七下，再到八下，再到九下……我耐心地陪他練球，陪他實現每個小目標，幫助他看到自己的進步和能力的提升。

在很短的時間內，他就能單手連續拍球五十下以上了。他對籃球的興趣更濃厚了，也更有信心了。在動作練不好的時候，他也學會了拆解目標，允許自己多花一些時間練習。因為他相信只要多加練習，就會有進步。

很幸運的是，我後來找到能照顧他自尊心、細心關注他、經常鼓勵他的教練，樂樂又進步了許多。雖然後續因為種種原因，他沒能繼續學下去，但是他對籃球的喜愛一直都在。

如果我只是盲目地接納他當時的感受，「尊重」他當時的選擇，而沒有看到他行為背後的真正需求，他可能就失去了突破自己、增強自信的機會，也失去對籃球的熱愛，不會將籃球當成自己生活的一部分。

允許和尊重是建立在媽媽懂孩子的基礎上，不懂孩子的允許和尊重只會流於表面，實際上是在支持孩子放棄努力。

⬬ 不要帶著「補償心理」愛孩子

　　許多父母陪伴孩子時是這麼做的：給孩子最好的物質條件，買很貴的衣服、玩具、食物；帶孩子參加最熱門的活動，去超大型遊樂園、出國玩樂；帶孩子參加最受歡迎的才藝班，如舞蹈課、足球課、直排輪課…等。

　　這些做法是把自己曾經缺少的、曾經渴望擁有的，全部讓自己的孩子一次擁有，這是一種**補償心理**[①]。可是這些真的是孩子需要的嗎？孩子真正想要的陪伴又是什麼樣的呢？

─ 關於吃的回憶 ─

　　我爺爺已經去世二十多年了，但是每每回想起小時候在爺爺奶奶家的農村生活，每個場景、每個細節仍歷歷在目。

　　小時候的我，大部分週末和所有寒暑假都是在爺爺家渡過的。有一天，爺爺帶我沿著門前稻田中的泥濘小路，走到了一塊綠油油的田地裡。

　　爺爺對我說：「妳猜，爺爺為妳種了什麼？」

　　我還在猜想這綠油油的一片是什麼的時候，爺爺用手指輕輕地翻開了綠油油的葉子，一顆鮮紅的草莓露了出來，我好驚喜！

[①]　個體心理學創始人阿爾弗雷德 · 阿德勒（Alfred Adler）提出了「補償心理」這個概念，指的是個體試圖彌補自己在某些方面的不足，從而提高自尊和自信。當父母回顧自己童年的遺憾時，他們可能會產生補償心理，希望為孩子提供更好的機會和環境來彌補自己的不足。

這一大片綠油油的田地竟然種的都是草莓！那種驚喜感，現在回憶起來，還是如此清晰。

但我現在不太買草莓了，因為我害怕再也找不回童年的味道。

馬斯洛（Abraham H. Maslow）提出的「馬斯洛需求層級理論」說，人類最底層的需求就是最原始的生理需求。對孩子來說，除了在嬰兒時期爸爸媽媽能夠及時回應自己的一切需求，童年時媽媽做的飯菜的香氣更早已成了孩子最底層需求的一部分，味覺記憶也是人類最久遠的記憶之一。

我是一個喜歡做飯但沒時間做的媽媽，只有在逢年過節時才有時間為樂樂做一些拿手好菜，而且是在外面吃不到的。我希望樂樂長大後，還能清晰地回憶起媽媽做的飯菜的味道，就像我懷念爺爺為我種的草莓。

— 關於大自然的回憶 —

每當計畫週末要如何陪伴樂樂和雄雄時，我都會嘗試回想自己童年時最開心快樂的事。我發現，幾乎都和大自然有關。

記得在爺爺房子後方的竹林裡，我用繩子把一張小板凳綁在兩根粗壯的竹子上盪鞦韆，結果跌了下來；我記得和附近的姊姊一起摘紅色的、甜甜的野生紅莓吃；我記得在爺爺家附近的一個小水坑玩時，踩到一條小魚，我把牠抓起來，興奮地捧著牠狂奔回家，還養在水盆裡。

……

我完全想不起來,爺爺的房子有多麼破舊;我也完全想不起來,農村的生活是多麼艱辛。就連幫爺爺把曬乾的玉米剝成玉米粒,都是一種樂趣。

孩子不在乎住的房子有多大、多漂亮,穿的衣服有多美,他所有幸福的回憶並非來自物質,而是來自和人相處、和自然有關的樂趣。

― 關於媽媽的溫度 ―

小時候,我的父母為了避免我和年齡相近的弟弟打架,把我送到農村裡的爺爺奶奶家,直到上學後才回到父母家。因此,小時候的我總覺得父母不愛我,而更愛弟弟。但是,當我仔細回憶童年時光時,在記憶深處小小的角落裡,還是能感受到媽媽的溫度。

小時候的我體弱多病,記憶中,每次生病,媽媽都會陪在我身邊,不時用她溫柔的手掌摸摸我的額頭、感受發燒的溫度,再幫我煮一碗熱湯,吃得我滿頭大汗。然後她會用被子幫我捂汗,病很快就好了。夏天的時候,我喜歡抱著媽媽的胳膊,覺得很涼快,那也是媽媽的溫度。

我家二寶雄雄斷奶後,白天由保母帶,晚上一定由我哄睡和陪睡。因為我希望雄雄在睡夢中也能夠感受到媽媽的溫度。現在雄雄快三歲了,雖然保母白天陪雄雄的時間更長,但正因為我從來沒有缺席過任何一個陪他入睡的夜晚,所以雄雄的安全依附對象始終是我,而不是保母,這也是深度陪伴的價值。

　　如果妳在陪伴孩子這件事情上感到迷茫，可以嘗試回想，妳現在最懷念的童年時光和什麼有關。妳可能會發現，妳所懷念的東西正是妳現在可以給予孩子的；而妳認為童年時期曾經缺失的東西，卻未必是妳的孩子最需要的。

越懂孩子的需求，媽媽能量越高

◯ 孕期時照顧自己，滿足胎兒需要

2020年底，我沒有打無痛分娩就順產生下二寶雄雄，樂爸說我的狀態比生大寶樂樂時的狀態還好，我自己也有同感。

生二寶雄雄時，大寶樂樂已經八歲多了，我已經是高齡產婦。照理說，我的身體已不如生樂樂時那麼年輕，為什麼狀態反而更好呢？這是因為，我非常清楚地知道，我短時間內無法改變身體條件的侷限性，想要順利地生下健康的二寶，必須抓住在孕期中可以改變、有助於我生產目標的重要因素，是哪些呢？

第一重要的是「情緒」。

懷孕期間，媽媽的情緒會直接影響寶寶的大腦發育，並影響孩子未來的行為和自我情緒管理能力。

英國倫敦國王學院有項研究顯示，孕期媽媽的壓力程度和孩子的大腦杏仁核發育息息相關，而杏仁核對於一個人童年時期的情緒和社交發展相當重要。

研究過程中，實驗人員採取了七十八位孕期媽媽的頭髮樣品，用來檢測孕期前三個月媽媽們的皮質醇情況（透過皮質醇可知道一個人的壓力程度）。隨後實驗人員在胎兒睡眠狀態下，用核磁共振儀或磁振造影掃描胎兒的大腦。

研究者們發現，孕期媽媽頭髮中的皮質醇含量和媽媽肚子裡胎兒的大腦杏仁核以及大腦神經元連接的結構變化相關。這也解釋了為什麼孕期壓力大的媽媽生下來的孩子在成長過程中更可能情緒化。

所以，我在懷二寶雄雄時，始終把關注自己的情緒放在第一位。

有一天早上醒來，我的肚子餓得咕咕叫。正常情況下，樂爸會在我起床前把早餐買好並放在餐桌上，讓我起床後就能用餐。可是那天不知道是什麼原因，樂爸忘記幫我買早餐。

對於孕期中的我來說，多少有些生氣。但我仍然選擇把「情緒穩定」放在第一位。與生氣相比，腹中寶寶的大腦杏仁核發育更加重要。所以我只對樂爸說了一句「肚子好餓」，就自己出門買早餐去了，也沒有問樂爸為什麼沒有買早餐。既然不打算為這樣的事情生氣，那麼原因對我來說就不重要了。在那之後，樂爸再也沒有忘記幫我買早餐。

這不是因為我的心胸多寬大，而是因為我深知自己的情緒對胎兒大腦發育的重要性，我了解做好孕期情緒管理，未來養育孩子會輕鬆很多，所以我時時提醒自己，對錯不重要，不要因小失大。

第二重要的是「睡眠」。

孕期媽媽的氣血狀態，會直接影響寶寶出生後的體質狀態。所以我把關注自己的睡眠放在第二位，睡眠充足了，身體的氣血才會好。而且，媽媽在孕期養成早睡的作息，寶寶會更健康，出生後也更好養育。

我先天氣血不足，很容易累，因此需要更多睡眠。平時工作時，我很容易因為太投入而「自我壓榨」，很少有充足的睡眠。我懷二寶雄雄的期間，下午會睡兩三個小時，晚上從八點左右睡到第二天早上六點多。每天睡十二至十四小時，整個孕期下來，身體的氣血狀態改善了很多。這也是為什麼樂爸說，我生二寶雄雄後的狀態比生老大樂樂時還要好。

第三重要的是「運動」。

我們都知道孕期需要每天適度運動，但是醫生一般會建議孕婦多散步，不建議做負重或劇烈運動。為了安全起見，提重物、慢跑都是被禁止的。

懷大寶樂樂的時候，我嚴格遵守醫囑。但懷二寶雄雄時，我決定每天早晨慢跑，直到身體不能承受為止，因為我不喜歡身體昏沉沉的感覺，運動可以讓我保持輕盈，讓心情更好。就這樣，我一直堅持晨跑到孕期的三十五週後才改為散步。我整個孕期都沒感覺到身體臃腫，心情也很好。這對我生產後快速恢復身材也有很大幫助。

第四重要的是「飲食」。

如果沒有好的情緒、好的睡眠、有益身體的運動，孕期吃得再豐富，也很難轉化成給胎兒的營養，所以我把關注自己的飲食排在第四位。

為了規劃孕期的飲食，我結合醫生的建議和自己的體質來安排，畢竟自己最了解自己。我體質較寒，吃生冷的水果會不舒服，所以會把水果熱一

下再吃；我從小就不太習慣牛奶的味道，喝完也會不舒服，因此不強迫自己依照醫生建議喝牛奶補充營養，而是選擇我喜歡的豆漿來取代。我覺得讓自己吃得舒心、開心，也是很重要的。

懷孕後，我的口味變得特別挑剔，平時吃習慣的飯菜在孕期卻完全不想吃。整個孕期，我都堅持自己買菜、做飯，我只想吃小時候媽媽做的飯菜的味道。

這件事也讓我覺察到媽媽對孩子深遠的影響，並不在孩子順風順水之時，而是在孩子遇到困難挫折時會本能地渴求「媽媽的味道、媽媽的溫暖、媽媽的感覺」，因為媽媽就代表著熟悉和安全。

讀懂零至一歲的孩子

美國著名發展心理學家艾瑞克森（Erik.H.Erikson）提出的人格的心理社會發展理論（psychosocial developmental theory），把人的心理發展劃分為八個階段，被稱為「艾瑞克森心理發展八階段」。包括童年期的四個階段（嬰兒期、幼年期、童年期、學齡期）、青少年期的一個階段和成年期的三個階段（成年期、中年期、老年期）。

每個階段都有一個需要解決的發展危機，只有危機得到解決，才會為下一個階段奠定良好基礎，這也是孩子人格健康發展的前提。

第一個階段是嬰兒期（零至一歲），要解決的危機是「基本信任和不信任的心理衝突」。

當孩子哭或餓時，父母是否會出現，是建立孩子信任感的重要因素。

信任在人格中形成了「希望」的特質，有增強自我力量的作用。具有信任感的孩子充滿希望、有理想，具有強烈的未來定向；反之，缺少信任感的孩子則不敢希望，時時擔憂自己的需要得不到滿足。

對一歲前的孩子來說，建立信任感最主要的方式就是父母能及時回應和滿足孩子的需求。孩子哭了，能及時回應和安撫；孩子餓了，能及時餵奶；孩子大小便了，能及時更換尿布；孩子睏了，能及時哄孩子入睡。對這個年齡的孩子來說，最有安撫作用的是媽媽溫暖的懷抱和安撫的聲音，以及模擬媽媽子宮內環境的聲音。

— 媽媽溫暖的懷抱 —

我還記得雄雄出生的那個凌晨。

雄雄出生後，護士把他清洗乾淨，進行各種檢查後放在我的胸前，讓他的皮膚和我的皮膚親密接觸。除了偶爾傳來的寶寶哭聲，凌晨的醫院非常寂靜。雄雄趴在我的胸前安心地睡著了，我雙手托著他，一動也不敢動，生怕動一下就會傷到或嚇到這個可愛的小人兒。

從那以後，直到現在（雄雄快三歲了），任何時候雄雄傷心了、難過了，只要我把他抱起來，用臉貼著他的小臉頰，他很快就能平靜下來。

樂樂小時候也是這樣，唯一的區別是他出生時因為羊水污染曾發出病危通知，出生後就被送入新生兒加護病房觀察，一週多後才回到我身邊。這段經歷讓他安全感不足，更加需要媽媽的懷抱。所以，在滿月前，樂樂像

無尾熊一樣，幾乎二十四小時都黏在我身上，睡一會兒就會睜眼看看媽媽在不在，甚至晚上也要我抱著他睡。那段時間真的很辛苦。

但我仍然會無條件滿足他對媽媽懷抱的需求，以慢慢修復他的安全感。現在，樂樂已經是小學五年級的學生了，他成了一個安全感滿滿的孩子，早就不再像小時候那樣黏著我，但是遇到特別難過和傷心的事情，媽媽的懷抱對他仍然具有極大的安撫和療癒作用。

所以，在孩子一歲之前，不要擔心多抱孩子會養成依賴心理。媽媽的懷抱是孩子的安全感之源，每一次擁抱都是妳為孩子建立安全感的過程。

— 媽媽安撫的聲音 —

胎兒在媽媽肚子裡，每天聽到最多的就是媽媽的聲音，所以出生後，媽媽的聲音對寶寶來說最熟悉和安全。寶寶哭鬧的時候、從睡夢中驚醒的時候、做惡夢被嚇哭的時候…只要媽媽的聲音出現，寶寶就能感受到極大的安撫力。

樂樂五個多月時，有天晚上我去客廳喝水，讓樂爸照顧睡著的樂樂，我告訴樂爸，如果樂樂有動靜就輕輕拍他。水才喝到一半，就聽到樂樂大哭的聲音，我火速衝進臥室，看到樂樂已經醒了，哭得非常慘。樂爸說，我離開後，樂樂很快就閉著眼睛動來動去，樂爸輕輕拍他，樂樂還是不能安

靜下來，樂爸學著我平時安慰孩子半夢半醒的方式，對著樂樂的耳朵輕聲說了句話，然後樂樂徹底醒了，當下大哭。

樂爸對樂樂說了什麼呢？他說：「媽媽在。」聽完樂爸的描述，我忍不住笑了出來。

一歲以下的小寶寶，安全感才剛剛建立，媽媽的聲音對他們來說具有特別的安撫力，換成爸爸，即使模仿媽媽的語氣效果也會大打折扣。更何況，說話的明明是爸爸，還要「偷梁換柱」說自己是「媽媽」，樂樂怎麼肯依呢？

嬰兒時期的雄雄也一樣，當他因媽媽離開而哭鬧，我只要遠遠地喊一句：「媽媽在、媽媽來了」，他就會立即平靜下來，因為對他來說，媽媽在就代表安全。

— 模擬媽媽子宮內環境的聲音 —

心理學稱二至六個月大的嬰兒狀態為「共生期」，這時期的嬰兒感覺自己和媽媽是一體的，自己就是媽媽，媽媽就是自己。

這個階段其實是嬰兒在媽媽子宮裡狀態的延續。所以，在這個階段，模擬媽媽子宮內環境的聲音，會帶給嬰兒極大的安全感，可以讓他們迅速平靜。在媽媽子宮裡，寶寶會聽到媽媽心跳的聲音、血液在血管中流動的聲音、媽媽呼吸的聲音，這些組合就是寶寶在媽媽子宮裡熟悉的聲音。

研究顯示，生活中有很多聲音可以用來模擬媽媽子宮內環境的聲音，最

常見的就是吹風機或吸塵器的聲音。所以，我會用手機下載專門播放各種白噪音的App，選擇吹風機和吸塵器的聲音。每當雄雄吵鬧時，我就把其中一種聲音打開，奇妙的是每次不用五秒，雄雄就會迅速停止哭鬧，平靜下來，很快進入夢鄉。

用模擬媽媽子宮內環境聲音的方法來安撫雄雄，一直到他九個多月大。隨著「共生期」的結束，這種方式的安撫效果慢慢消失了。

一歲前新生兒的媽媽只要掌握「媽媽溫暖的懷抱和安撫的聲音，以及模擬媽媽子宮內環境的聲音」這三點，就能非常輕鬆地養育孩子。

不要認為零至一歲的嬰兒是不懂事的小生命，「只要吃飽不哭就行」，這是大錯特錯的。在心理層面上，孩子在這個階段不斷經歷著基本信任和不信任的心理衝突。孩子最終能否形成穩定的信任感，取決於該階段父母的深度陪伴品質。

讀懂一至三歲的孩子

一至三歲的孩子可以分為兩個階段。

第一個階段是一至一歲半：媽媽要像對待零至一歲階段的孩子一樣，繼續及時回應和滿足孩子的需求，幫助孩子形成穩定的信任感。

第二個階段是一歲半至三歲：「艾瑞克森心理社會發展八階段」的第二個階段就是一歲半至三歲，主要的危機是「自主、害羞和懷疑」。這個階段的孩子剛剛產生自主感，讓他們自己動手做事、練習自我控制的能力，幫助孩子建立自主感的最好方式就是讓他們做決策。

（1）不要限制孩子的活動範圍

許多媽媽因為擔心孩子的安全而限制活動範圍。比如，媽媽們會買很大的圍欄把孩子圍在裡面，讓孩子只能在被限制的空間裡玩耍；在家不准孩子爬上椅子，在外不准孩子爬樓梯、臺階…等。這些都會破壞孩子的自主感。正確的做法是不要限制孩子的活動範圍，如果擔心孩子的安全，大人可以在旁邊顧孩子提供保護或在地上鋪厚厚的軟墊。

（2）允許孩子說「不」

孩子兩歲左右時，很喜歡說「不」，對什麼都回應「不要」，好像說出這個詞就能帶給他們極大的樂趣一樣。

其實是因為，此時期的孩子的自我意識會進入第一個發展高峰期，這也是孩子從完全依賴父母到慢慢發展獨立能力的第一個里程碑。在這之前，在孩子的眼裡，父母是絕對的權威，而現在孩子要測試自己的力量，測試「我是否可以自己選擇我想做的事情」。

允許孩子說「不」，代表父母願意尊重孩子是一個獨立的個體。而且這個階段的孩子，即使嘴裡說「不」，也不代表他們就一定不想做。我們家二寶雄雄在這個年齡時，每天十句話裡有九句都是「不要」，但我在他說「不要喝奶」時，順著他的話回應「好，媽媽把奶瓶放在這裡，你想喝再喝」，他下一秒就拿起奶瓶咕嚕咕嚕地一口氣喝完。

（3）盡可能讓孩子自己做選擇

千萬不要因為覺得孩子小、能力不足、做事情慢、會搞得一團糟，就直接代替孩子做事，相反地，父母要盡可能多讓孩子自己做選擇。讓孩子自己決定要不要吃飯、吃什麼；讓孩子自己決定穿哪件衣服；讓孩子自己決定今天出門帶什麼玩具、去哪裡玩。

如果父母能夠順應孩子的身心發展需求，尊重孩子在這個年齡階段的需要，那麼孩子就可以順利渡過此時期，無論是自主感、自我意識都能得到很好的發展、打下基礎，因此成為有主見、有責任心、有決策能力的成熟個體。

如果父母不願意給孩子選擇權，也不願意讓孩子按照自我意志去行動，那麼孩子將會變成父母的精神附屬品和延伸，長大後將沒有能力為自己的行為負責，也無法形成獨立思考和決策的能力。千萬不要認為孩子小，就對孩子採取簡單粗暴的強制措施，這樣只會不斷壓制他們的自我意識，削弱孩子的力量，讓孩子變得越來越依賴妳，無法真正成長為獨立的人。

如果孩子能夠順利渡過此階段，就可以產生自主感和自我控制能力，相反地，則容易害羞和產生自我懷疑。

⊖ 讀懂三至六歲的孩子

對三至六歲的孩子來說，最重要的有兩件事。

第一，在規則範圍內給孩子最大限度的自由。

「艾瑞克森心理社會發展八階段」的第三個階段是三至六歲，要解決的危機任務是「積極進取和罪惡感」。

這個階段的孩子需要在環境規則的約束下，堅持自己對事情的控制和力量感。妳需要讓他們知道哪些事情可以做、哪些事情不可以做，幫助孩子熟悉他們所處環境的規則；在此基礎上，無論孩子想做什麼，都盡可能地給予鼓勵，用最大程度保護他們的主動性。如果被大人譏笑自己的獨創行為和想像力，孩子會逐漸失去自信心，更傾向於生活在別人為他們安排好

的狹窄圈子裡，缺乏自己積極開創幸福生活的機會。

在孩子三至六歲時，培養孩子主動性的最好方式就是前文所提：「**在規則範圍內給孩子最大限度的自由**」。此時期的孩子大多已進入幼稚園，生活環境變得多元且複雜，不可控因素增多，許多事情不可能完全按照孩子的意願進行。透過幼稚園這樣一個初階的社會環境，可以為孩子建立規則意識。

孩子會慢慢知道，在社會化的環境裡，不是所有事情都能被允許。有些事情會影響到其他人，所以不能做；有些事情是環境規則，所以不允許，也不能做。比如，在幼稚園，孩子在午睡時間睡不著，雖然老師允許孩子不睡覺，卻不允許孩子蹦蹦跳跳、大吵大鬧，影響其他孩子。

如果孩子能夠順利渡過這個階段，就能夠發展出主動性，未來會成為一個有責任感、有創造力的人；相反地，如果在這個階段無法適應環境規則約束，無法得到環境和他人的允許，孩子就會發展出內疚感，無法好好地為自己的人生負責。

第二，孩子的興趣啟蒙。

三至六歲的階段又稱為學齡前階段，這時候孩子的主要任務還不是學習。他們的主要任務是為小學時期的學習打好基礎，其中很重要的一點就是各項興趣的啟蒙。

許多媽媽把「興趣啟蒙」和「學習」混為一談，認為「興趣啟蒙」就是「學習」，所以幫這個年齡的孩子報名才藝班並且過於追求「學習」的結果，導致孩子一遇到困難就容易放棄或轉移興趣。有的家長甚至提前讓孩子練習寫字和數學，這些做法都是不可取的。

這時期正是孩子對生活中各種事物充滿好奇和興趣的黃金時期。正好趁這個時期實踐天賦智能教育，鼓勵孩子積極主動地探索外部世界，不需要太看重結果。

例如，孩子想學鋼琴，妳可以帶孩子上一次體驗課，滿足孩子的好奇心；如果孩子上完體驗課還想學習，再正式報名，讓孩子的興趣得以保持和延續，在這個過程中不斷鼓勵孩子，支持他的興趣發展可能。至於孩子最後是否有足夠天賦把鋼琴當成專業項目發展，或者能否考取證書，其實都不重要。最重要的是，在這個過程中，孩子的興趣得到了支持和鼓勵，他們積極學習的態度沒有受到打壓，能夠幫助孩子建立自主學習的基礎。

➍ 讀懂六至十二歲的孩子

「艾瑞克森心理社會發展八階段」的第四個階段是六至十二歲，主要的危機任務是「勤勉與自卑」。

這個階段的孩子有了各種社交和學習的需求，在社交和學習的過程中取得的成績和能力會帶給孩子自豪感。所以，面對這個階段的孩子，要多鼓勵和表揚，讓他們知道自己可以做好並對自我能力產生信心；如果妳很少給予孩子鼓勵和稱讚，孩子可能會對自己的能力產生懷疑，不相信自己可以把事情做好，也不相信自己能夠成功。

─ 六至十二歲孩子的社交 ─

在孩子的社交需求方面，媽媽要關注以下兩點。

（1）防止校園霸凌

孩子在學校社交時遇到了哪些困難和障礙？如果父母不對此保持敏感，很可能無法及時在孩子需要時給予支持。

有時候可能是同學之間的肢體玩笑，開玩笑的同學自己覺得沒什麼，但是妳的孩子感覺受到攻擊和冒犯；有時候可能是孩子不擅長運動，在體育課上的表現被同學嘲笑，導致沒有自信；有時候可能是同學給孩子取了外號，孩子感覺受被嘲笑，非常生氣。

不要小看這些社交衝突，輕則心裡不舒服，重則心靈受到創傷，覺得自己不被同學接納，進而產生厭學情緒。所以一定要特別留意孩子的社交及情緒狀態，在孩子需要時給予足夠支持，避免校園霸凌發生。

（2）確保孩子身邊至少有一位「天使同學」

上小學後，孩子們會慢慢形成以同性為主的小團體，三年級之後，每個孩子基本上都會擁有和自己契合的、穩定的好友。如果孩子無法融入某個圈子，很容易產生不被群體接納的孤獨感，所以一定要確保孩子身邊至少有一位「天使同學」。這位「天使同學」會對孩子特別友好，可以相互分享快樂、悲傷和小祕密。

─ 六至十二歲孩子的學習 ─

在學習需求方面，媽媽只需關注一個要點，那就是**孩子的學習勝任感**

（Competence）。

許多父母因為急著培養孩子的自律能力，而不斷破壞孩子的勝任感。 比如，有的父母規定孩子放學後先做作業，做完作業才能玩，結果孩子沒玩到，作業也拖到很晚還沒做完；有的父母會在孩子寫作業時守在孩子旁邊，不斷提醒孩子不要分心、不要慢吞吞。

在孩子還沒有取得學習的勝任感之前，對他們要求過高，不僅不能幫助孩子，反而會削弱學習動力。孩子一方面知道自己要完成每天的作業，另一方面又渴望放學後有自由玩耍的時間，於是在時間分配上容易陷入混亂。

如果放學後光顧著玩，快睡覺前都還沒寫完作業，想到第二天無法交作業，孩子會感到極大的壓力，有的孩子甚至會出現特別暴躁的情緒。如果在父母的嘮叨催促下，放學後先做作業，但是因為玩的需求沒有得到滿足，做作業時總是心不甘情不願，效率自然不高。

孩子用手機或平板電腦完成作業時，忍不住點開遊戲，時間一晃就過去了，擔心、愧疚⋯等各種情緒交織在一起，無法消化，可能會選擇逃避現實，繼續沉迷在遊戲裡。甚至有些孩子因為熬夜寫作業，睡眠不足，白天上課打瞌睡或精神渙散。這些時不時冒出來的混亂感受，都會讓孩子嚴重缺乏對學習的勝任感。

其實，每個孩子都喜歡規律、放鬆的生活，都希望自己擁有對學習的勝任感，所以當妳發現孩子出現做作業拖泥帶水、上課不專心⋯等問題時，不要急於責怪或強迫孩子按照妳的期待去做，反而要意識到孩子此時需要妳的幫助。

我們家樂樂是一個很容易被有趣事情吸引的孩子，所以在小學四年級之前，常因為貪玩而忘記寫作業、第二天早上六點爬起來補作業，或因為作業壓力大而拖到晚上十二點才寫完。

每一次，我都完全尊重樂樂自己的意願。他堅持要寫完作業再睡，我就陪他到12：00；他想第二天早上起來補作業，我就第二天早上叫他早點起床；他忘記寫作業，需要媽媽向老師解釋，我就幫他解釋。但是，該補的作業還是得補，該接受老師的懲罰還是得要他自己去承擔。

我能做的，就是盡可能讓他自己去體驗，因為我心中所有的大道理都是自己活了幾十年、碰撞了無數次才悟出來的。孩子沒有這麼多的體驗，又怎麼會聽我們的勸誡呢？同時，在他感覺有壓力的時候，因為被責備而傷心難過的時候、為作業沒做好而懊惱的時候，我們可以陪伴在他旁邊，幫他舒壓，安撫他、理解他、鼓勵他，讓他知道，他已經做到了當下能力範圍內的最好程度，許多人都會經歷同樣的過程。幫助孩子學會接納自己，也利於提升孩子的勝任感。

終於，親身體驗過惡補作業和趕作業的痛苦後，樂樂在小學五年級時做到了初級的自律。每天什麼時候起床、什麼時候吃飯、什麼時候寫作業、什麼時候跟同學玩、什麼時候看自己喜歡的書、什麼時候創作科幻小說、什麼時候練琴，他完全能夠自己安排和完成。雖然樂樂偶爾也會有晚起床和睡覺前趕作業的時候，但我覺得以一個小學生來說，他已經做得不錯了。而他透過自己的體驗慢慢培養出的自律能力，帶給他極大的勝任感。

不要為了培養孩子的自律能力而不斷破壞孩子的勝任感,在每一次自主安排時間的鍛鍊中,孩子的自律能力才會慢慢建立起來。

有些父母會為了培養孩子的耐挫力而破壞孩子的勝任感。例如,有的父母幫孩子報名許多才藝班,把每天行程排滿滿,孩子幾乎沒有放鬆和玩耍的時間。有的父母會給孩子額外的作業,要孩子多做題目、多練習,認為這樣既有助於孩子學習成績的提升,又能培養面對挫折的能力。也有父母經常對孩子大吼大叫、批評打擊,卻說是在培養孩子忍受挫折的能力。

如果父母認為培養挫折忍受力就是要讓孩子多吃苦、多經歷失敗、多體驗被打擊的感覺,那真是誤解其意義。這些錯誤做法會讓孩子的挫折忍受力越來越差。

耐挫力的核心是孩子的心理韌性,指的是孩子經歷挫折後的復原力。我們如果想培養孩子的耐挫力,得了解當孩子體驗到挫敗感時,父母是否能夠陪伴在他身邊,理解他的感受,安撫他、鼓勵他,給他支持並幫助他察覺與接納失敗,快速地恢復正常。培養耐挫力是建立在讓孩子覺得越來越有希望和信心,而不是讓他越來越絕望、沒有信心。

在孩子六至十二歲的期間,如果能夠不斷增強孩子的勝任感,讓孩子感到自己越來越有能力可以順利地完成學習任務,他們就會越來越勤奮,今後獨立生活和承擔任務時會充滿信心;反之,孩子會很容易自卑。

➜ 二寶家庭的孩子怎麼帶

現在，有兩個孩子的家庭越來越多，大寶打二寶、二寶欺負大寶、大寶二寶整天爭吵打鬧…等情況讓很多父母非常煩惱。如何才能讓兩個孩子相親相愛呢？這個問題涉及兩個層面，一是兩個孩子對父母之愛的爭奪，二是兩個孩子之間的親情建構。

— 如何處理兩個孩子對父母之愛的爭奪 —

在二寶家庭中，兩個孩子爭奪父母之愛是非常正常的，也符合人的本性。每個孩子都想擁有父母更多的愛，想讓父母更愛自己。

雄雄一歲半的時候，我買了一輛滑步車給雄雄，樂樂看到了馬上問我：「媽媽，我小的時候妳買過這種車子給我嗎？」

我如實回答：「你小時候，媽媽買給你的是扭扭車，因為那時候滑步車還不太流行。」

樂樂馬上就不高興了。我知道，他不高興的原因並不在於我沒有買給他滑步車，而是他感覺媽媽對他和弟弟的愛不一樣。我只好繼續向他解釋：「媽媽對你和弟弟的愛是一樣的，但並不代表買給你們的任何東西都會一模一樣，因為你們年齡不同，喜歡的也不一樣，你們出生時的環境也不一樣。媽媽為你買了一整個書櫃的書，而弟弟只有幾十本書，媽媽對你和弟弟的愛是一樣的，明白了嗎？」

樂樂這才釋懷了。

　　兩個孩子總會比較父母給他們買的東西是否一樣，或者父母陪他們的時間是否一樣多，這並不代表孩子在意這些事情，其實他們是在爭奪父母的愛。

　　一位媽媽曾跟我說，她的兩個孩子每次喝牛奶時都要比較媽媽倒進兩個杯子的牛奶是否一樣多、媽媽是否會同時把牛奶遞到他們手上。孩子們認為，只要擁有和另一個孩子一樣多、一樣貴重甚至一模一樣的物品，或者父母陪伴自己的時間跟陪伴另一個孩子的時間一樣多、做一模一樣的事情，才能證明父母也愛自己，所以他們會不停地比較。

　　在前文的例子中，十歲的樂樂還在用「我小時候，媽媽是否買過滑步車給我」來衡量我對他的愛是否和對弟弟的一樣多。

　　妳知道了孩子行為背後的需求，就可以用愛來破除孩子的錯誤認知，就像我對樂樂做的解釋一樣，**給孩子吃下愛的定心丸**，孩子就不會執著於簡單的比較了。如果妳確實忽視了其中一個孩子，就要盡快做出彌補和調整，安撫孩子受傷的心靈。

― 如何讓兩個孩子相親相愛 ―

之前，樂樂非常羨慕其他小朋友有弟弟或妹妹，經常纏著我給他生個妹妹，後來我生下來的是弟弟雄雄。樂樂並沒有因此覺得失望，還馬上調整心情跟我說：「有總比沒有好。」所以，我一直覺得非常幸福的是，雄雄是在樂樂的期待中到來，這也是兩個孩子相親相愛的重要基礎。

所以，如果妳打算生第二胎，我想給妳一個非常重要的建議，那就是讓大寶也非常渴望擁有弟弟或妹妹，這樣，當二寶出生後，兩個孩子相親相愛的比例會高出許多。

那麼，如何才能讓大寶非常渴望擁有弟弟或妹妹呢？那就是讓大寶得到父母夠多的愛和關注。缺愛的孩子怎麼會願意父母再生一個弟弟或妹妹，和自己爭奪愛呢？

有些父母誤認為，給孩子足夠的愛和關注，就是毫無底線地順從孩子。這不是真正的愛，而是溺愛。在溺愛中長大的孩子會變成「世界唯我獨尊」的小霸王，不願意父母再生弟弟或妹妹，以免他們威脅自己的「霸王」地位。

在本章第二節「給孩子他最需要的，勝過給他最好的」中提過，什麼才是真正對孩子成長有益的愛。另外，一定要讓兩個孩子在相處過程中體驗到，有兄弟姐妹是幸福的事。

每當樂樂傷心難過時，我都會讓雄雄去安慰哥哥：「哥哥不要哭，寶寶愛你。」久而久之，雄雄只要看到哥哥哭了，就會主動跑過去，摸摸哥哥

或抱抱哥哥，對哥哥說：「哥哥不要哭，寶寶愛你。」樂樂聽了，情緒立刻會好很多。所以，樂樂幾乎每天睡前都會和弟弟道晚安，對弟弟說：「雄雄，你好可愛，哥哥好愛你。」

我忙的時候，會製造機會讓樂樂陪雄雄，讓他陪雄雄玩樂高、講故事給雄雄聽、跟雄雄一起玩躲貓貓的遊戲、把雄雄背在背上走來走去或一同畫畫。這樣的陪伴讓雄雄意識到，有個哥哥是件非常幸福的事情。看到哥哥放學回來，他會開心地撲到哥哥懷裡要他抱，看到哥哥非上學時間不在家，也會主動問：「哥哥在哪裡？」

做好以上兩點，讓家裡的兩個孩子彼此相親相愛就不是難事。千萬不要強硬地要求孩子「大寶要愛二寶」或「二寶要愛大寶」，因為兄弟姐妹間的親情不是要求出來的，而是他們在感受到對彼此的愛後，自然而然流露出來的。

第四章

✦

突破原生家庭的束縛

【魔法 4】

　　無論我們是否願意承認、是否願意面對，原生家庭對我們每個人的影響都是存在的，即使妳想迴避，也無法抹掉或忽略它。

　　或許妳不想跟母親一樣當個愛嘮叨和抱怨的人，或許妳不想跟父親一樣動不動就打罵孩子，可在親子關係裡，有時卻不小心成了他們的翻版。

　　我們必須非常努力，才能讓自己盡量少受到原生家庭的負面影響，給我們的孩子更好的家庭環境。所以，我非常希望能陪伴更多媽媽成長為有力量的深度陪伴CEO，突破原生家庭的束縛，擁有更加美好的人生。

　　本章會帶領妳探索內心深處十分脆弱的部分，學習如何不再被原生家庭牽制，讓家庭和人生都更理想的具體方法和路徑。

走出原生家庭的陰影

孩子就是妳的縮影

　　原生家庭對一個人的影響是潛移默化的，也是深之入骨的。我曾經完全不覺得自己像媽媽，但是和樂爸剛結婚時，我一回到家就會趕緊換拖鞋、做飯、打掃，如果樂爸看不到我的辛苦，我就會抱怨，簡直和我媽一模一樣。所以，原生家庭對我們的影響，需要藉由身邊的鏡子才能看見，我認為最好的鏡子就是自己的孩子。

　　有人說過這樣一句話：父母是原稿，孩子是影本，影本出了問題，原因一定在原稿上。身為孩子的媽媽，如果我們能夠多一些覺察力，就會發現孩子的某些徵狀，或許正是我們自己性格的投射。例如，孩子喜歡辯論，還得理不饒人；孩子生氣時不表達真實想法而喜歡說反話，這些徵狀的源頭就是父母，因為我們平時也習慣了這樣的表達方式。

　　如果我們能在發現孩子的這些情況時，不急於指責孩子而是反觀自己，就能以孩子為鏡，更好地向內修正，從源頭解決問題。

孩子身上也有妳的影子

有個週六，我陪七歲的女兒參加親子繪畫課，課堂上，老師要求家長坐在孩子的後面，孩子在桌子上畫畫，家長拿著畫板畫畫。

那天的主題是畫黃金葛，老師先講解了黃金葛的特點和繪畫時的基本要點。開始畫畫後，我很認真地畫，女兒卻不停地對我說：「媽媽，妳用錯筆了」、「媽媽，這裡要用粗的勾線筆」「媽媽，這裡要用細的」、「媽媽，綠色不是這樣塗的，我們要塗漸層。」

女兒一直在說我，我覺得她好煩人，怎麼那麼嘮叨。我對女兒說：「妳可以安靜一下嗎？媽媽現在需要安靜。妳一直說話，我都不知道怎麼畫了。妳畫妳的畫吧，否則下課時還沒畫完。」然後女兒才開始專心畫她自己的畫。

等我畫完線條，開始塗顏色的時候，我突然想到女兒剛才的表現，完全就是我平常在家對她嘮叨的樣子，真的很像！她在家畫畫時，我會在旁邊看，看著看著就開始著急，接著開始嘮叨：「哎呀，這裡不應該這樣啊！」有時候看到她好久沒動一下，我就會說：「妳要不要休息一下？去外面看看魚、看看樹。」女兒就會一本正經地說：「媽媽，妳打擾到我了。」那一瞬間，我覺察到自己真的太嘮叨了，孩子學我學得很像，這就是潛移默化的影響。

有句古話說「人貴有自知之明」，一個人如果能對自己有清晰的認知，就已經很了不起了，因為絕大多數人對自我認知都有著很大的偏差。

比如，妳可能認為自己是一位好脾氣的媽媽，但實際上妳動不動就對孩子發脾氣；妳可能認為自己一點都不嘮叨，但實際上孩子覺得妳很嘮叨；

妳可能認為自己對孩子的要求一點都不高，但實際上妳對孩子的要求非常高。這個時候，就需要孩子這面鏡子，讓我們看到認知偏差的部分，這樣才能有所成長。

就像我們家樂樂，他會在我著急時對我說：「媽媽，妳的性子太急了，我動作不像妳那麼快，妳要有耐心一點。」有了樂樂這面鏡子的提示，我就會慢下來耐心等他一會兒，停止沒完沒了地催促他。所以，從某種意義來看，我這樣天生急性子的人能夠慢慢變得平和，樂樂的功勞最大。

作為家庭的深度陪伴CEO，我們要善用孩子這面鏡子，不斷加深對自己的認知，也讓孩子真正感知到我們的愛。

⬮ 療癒「不被愛」的感受

我曾經對我的媽媽有很多怨念，最大的怨念是無論我對她表達多少感受，她永遠都沒有回應。

小學時，我被同學欺負了，回到家後不僅得不到安撫，反而會被媽媽責備一頓：「一定是妳先招惹了別人，要不然別人為什麼只找妳麻煩，不找其他人？」

國中時我開始住校，時常因為想念媽媽而難過，有時也會因為自己不太會洗衣服⋯等生活瑣事而產生挫敗感，但每次媽媽來看我時，我跟她說起我的感受，她從來沒有給過我正面回應，只會問一句：「在學校吃得飽嗎？」

開始工作後，我一個人面對職場中的酸甜苦辣，有心酸有難過，更有憤慨，跟媽媽講電話時，每次都是剛起個頭，話題就被她打斷，不是講某某鄰居嫁女兒了，就是問「妳想吃什麼，我幫妳寄過去」，我心裡的話硬是憋了下來。

直到有一天，我在電話裡對媽媽大吼：「妳每次都是這樣，從來不關心我過得開不開心、過得好不好，只會問我吃得好不好。我又不是小孩子，這些都不是我現在最需要的！」然後啪的一聲掛斷電話。

那一刻我徹底絕望了：也許她從來都不愛我吧。愛一個人，怎麼可能總是忽略對方的感受呢？

有好幾年的時間，如果媽媽不打給我，我也不會打給她。我想，反正她不愛我，也不關心我，何必自討沒趣呢？

直到自己當了媽媽，我每天操心母乳是否夠孩子吃、換菜色為孩子做副食品、精挑細選地為孩子買食物⋯我才慢慢明白，我的媽媽不是不愛我，只是在她的心中，無論我多大年紀，都是那個嗷嗷待哺的小嬰兒，需要食物填飽肚子。她沒有看到我早已長大，單純的食物已經不能滿足我的需求，我更需要情感的交流。

我在走上家庭教育這條路後才慢慢明白，媽媽從來不回應我的感受，是因為她早已失去了感受的能力。她總是忽略自己的感受，所以也無法體會別人的感受。想到這裡，我開始心疼媽媽，在我出生之前、在我小的時候，她經歷許多艱困的生活，迫使她以忽略感受的方式讓自己強大起來。

當我用全新的視角去詮釋媽媽的行為，就不再對她有怨念，而是開始享受被她當作嬰兒來關心的過程。每當快過年了，她一定會做好兩種口味的臘腸寄給我，一種是我喜歡的辣味，一種是樂樂、樂爸和我公婆喜歡的不辣口味。每次她寄出臘腸後，總會打電話告訴我，而且她的聲音就像小孩子般歡喜。

她每次做了豆瓣醬，也會打給我，說她寄了一大瓶，雖然一年也吃不完。她知道我最喜歡吃她醃製的酸蘿蔔和蘿蔔乾，只要有做，都會問我要不要嚐嚐。

冬天時，她把老家的新鮮甜糯玉米打成做玉米糊或炸玉米餅的原料，問我要不要真空包裝後寄過來。甚至和朋友一起上山採了野蕨菜，也會打電話問我要不要寄一些。因為她知道，這些食物都是我喜歡的，不論我年紀多大、身在哪裡，她總是牽掛著和我的飲食有關的一切，這就是我媽媽最樸實的愛。

以前，我以為她不愛我，但是我發現，只是她愛我的方式和我期待的不一樣。但現在我理解了，她也有她的無奈。

許多媽媽經歷過與我類似的，甚至比我更加艱難的「不被愛的感覺」，比如有些媽媽從小感受到父母重男輕女的思想；有些媽媽感受到自己是家裡多餘的孩子；有些媽媽則感受到父母的控制慾特別強。

無論妳體會到的是哪一種「不被愛」，它們都帶著妳父母那個年代的時代烙印，它們可能讓妳傷心過、委屈過、痛苦過、絕望過，但是當妳成了母親，就更有能力去理解這些情感背後的愛，並開始嘗試與母親和解。

其實，無論有多大的誤會、多大的情感裂痕，只要有愛，一切都有可能

修復。當「不被愛」的感覺襲來，妳可以肯定地告訴自己：這不一定是真相，如此會讓妳重新振作起來，充滿能量。

☞ 填補「愛的缺口」

小時候缺愛的女性，很容易在親密關係裡索取愛。

和樂爸談戀愛時，樂爸比較慢回應我，我就覺得他不愛我；樂爸沒有認可我，我就覺得他不愛我；樂爸不願意接受我的建議，我也覺得他不愛我；我對樂爸發脾氣，他不理我了，我還會覺得他不愛我…。

我拼命地向他索取愛，這一度讓樂爸非常煩惱。現在回想起來，當時的行為很可笑。但是，也正因為自己有這個過程，我才體驗到讓孩子感覺「自己被愛」對他們的一生來說多麼重要，才能堅定地在推廣深度陪伴育兒理念的路上前行。

我甚至還會向婆婆索取愛。婆婆在我和樂爸發生爭執時，幫樂爸說了一句好話，我很生氣，因為我在內心把「婆婆」投射成了我的母親——妳怎麼可以只愛他不愛我呢？所以我覺得不開心。

這麼大的愛的缺口，是什麼時候填補的呢？是當了媽媽之後。

樂樂出生後的兩年，我還是一個很容易發脾氣的人，發脾氣的原因無非是覺得樂爸不夠愛我，我想用發脾氣的方式讓他知道。後來，我開始學習、成長，慢慢地把注意力放在自身和陪伴樂樂上，我發現自己內心愛的缺口不知不覺地被填補了。因為我對孩子是完全敞開的，孩子對我也是，我給孩子很多很多的愛，孩子也回饋我很多很多的愛。

樂樂四歲時的一個傍晚，我和他去散步。

樂樂說：「我來當媽媽。」

我說：「好呀。」

我說：「媽媽，我今天遇到一些難過的事。」

樂樂說：「妳遇到什麼難過的事？」

我說：「我今天在路上被人撞了一下，好痛喔！可是，他連『對不起』都沒對我說。」

樂樂馬上擺出一副要為我出頭的架勢，說：「那我去拿金箍棒，把那個撞妳的人打倒！」

看到兒子要為我出頭的豪氣模樣，我的心裡湧上一股暖流。

可是轉念一想，我平時安撫他可沒這麼容易啊！我決定繼續「刁難」他，就說：「可是我還是難過。」

樂樂說：「妳還有什麼難過的事呀？」

我說：「我今天被一個莫名其妙的人罵了。」

樂樂說：「那我再去拿金箍棒，把罵妳的那個人打倒。」接著又主動問我：「妳還有什麼難過的事嗎？」

我回答：「沒有了，但是我今天好累呀。」

樂樂問：「為什麼累呀？」

我回答：「我今天等車等了好久，等得好煩。」

樂樂說：「那我幫妳把車上的人全都趕下車。」（可能他以為只要把車

上的人都趕下來，我就能快點坐上車了）。

我差點就感動得「老淚縱橫」了。走著走著，樂樂突然側過頭來，深情地望著我說：「媽媽，我想親妳一下。」我蹲下來，讓他親了一下。

他接著說：「媽媽，妳上班時想我的話，就把我給妳的『魔法親親』拿出來。」

我說：「好啊。」

樂樂接著說：「媽媽，妳上班時如果不開心，我的『魔法親親』可以給妳力量哦。」

我回答：「嗯，謝謝樂樂。」

他又笑著說：「媽媽，妳把我的照片帶在身上好了。這樣，妳想我的時候，就可以看見我了！」

孩子的愛，不斷填補著我心中愛的缺口，我所有的疲累瞬間消散了。而孩子這些愛的表達是模仿我過去對他的方式，因為他剛上幼稚園，總是抱著我的腿不肯進幼稚園時，我就是用「魔法親親」安撫他的。

所以，妳只需要全心投入愛妳的孩子，深度陪伴孩子成長，妳給孩子的愛最終會透過孩子再回到妳身上，填補妳內心深處愛的缺口。這時，妳就能體驗到深度陪伴、雙向滋養的幸福，如此才會放下向伴侶和父母索取愛的執念。因為妳知道，愛的缺口真的可以靠自己填補。

⬭ 破除三種限制性信念

每位媽媽身上都有無限潛能。我曾聽說過這樣的事：如果孩子踩到鬆動的人孔蓋而掉下去的話，媽媽能瞬間徒手拎起沉重的人孔蓋，只為了救孩子。但是這種潛能大多時候都被壓制著，因此我們很難發現，為什麼會這樣呢？

心理學上有個概念叫作**限制性信念**。限制性信念會阻礙一個人生命力的開展，而當生命力的開展受阻時，就無法讓潛能得到釋放。**如果妳想釋放自我潛能，首先要破除壓制潛能釋放的限制性信念。**

常見的限制性信念有三種，分別是無助、無望和自我否定。「無助」就是覺得別人做得到，但自己做不到；「無望」是不對任何可能發生的事情抱有希望；而「自我否定」則是面對自己喜歡的事卻不敢去追求，因為害怕自己沒資格追求。

─ 如何破除「無助」的限制性信念 ─

有些媽媽本身很有能力，卻因為「無助」的限制性信念而給自己很低的評價，覺得自己什麼都不會，做什麼都不可能成功，甚至覺得自己沒資格做喜歡的事。

當一個媽媽形成「無助」的限制性信念，就會經常產生莫名的無力感，對很多事情都沒興趣，也沒有目標，不知道自己想要什麼或者想得多但行動少。一旦出現問題，就會把責任推給外在的人、事、物，把自己放在

「受害者」的位置。

在成為媽媽之前，我差不多就是這種狀態。除了下班後購物、追劇，我不知道自己喜歡什麼，也不知道自己未來可以做什麼。許多寶貴的時間都被我浪費掉了。

每次和樂爸發生爭執，我總是把自己放在「受害者」的位置，覺得一定是樂爸錯了，一定要他向我道歉，我的情緒才能得到舒緩，否則我會為此心情低落好多天。

陪伴學員成長的過程中，我發現有很多媽媽非常愛學習，這個也想學、那個也想學，一開始滿腔熱情地去嘗試，但沒過多久就開始打退堂鼓，最後不但沒有完成課程，還花了很多精力和金錢。其實這也是「無助」的限制性信念在作祟。

想要破除「無助」的限制性信念，首先要透過覺察，出現以上行為時告訴自己：「這不是真相，只是無助的限制性信念在影響我。」其次，要少想多行動，並且意識到出現問題時要負責，行動和解決問題的能力將帶給妳極大的信心和力量，能慢慢從「無助」的限制性信念中走出來。

─ 如何破除「無望」的限制性信念─

當一位媽媽形成「無望」的限制性信念，就不會主動尋求幫助。她可能會認為，既然不可能得到幫助，尋求幫助還有什麼意義呢？

突破限制性信念，勇敢地請求支援

有一天，孩子的爸要開車送我爸去醫院看病，而我又要帶學生的晚自習，家裡有兩個孩子沒人照顧。以前遇到類似的事，我都會請孩子的爸把兩個孩子也一起帶去。說實話，我挺擔心的，一方面來回車程有兩個半小時，孩子很難全程乖乖聽話，小寶有時還會哭鬧，我怕老公開車分心；另一方面，醫院有那麼多病人，我擔心孩子被傳染。我從來沒有想過找鄰居幫忙，因為我覺得每家都有自己的事情要忙，別人哪有時間幫我呢？在我看來，找鄰居幫忙是完全不可能的事。

但經過學習，我的思維模式變了，我鼓起勇氣聯繫了社區裡一個熟識的媽媽，問她晚上是否可以幫我照顧兩個孩子。她很爽快地答應了，還主動提出幫我把孩子從幼稚園接去她家，在她家吃飯。她帶著自己的女兒和我的兩個孩子一起散步，還傳了照片和影片給我，告訴我孩子們在一起玩得很開心，請我放心。後來孩子爸爸去接他們回家，他們還捨不得分開呢！

如果不是因為學習打破了我給自己設下的限制性信念，下次遇到這樣的事情，我可能還是會選擇獨自面對，把自己搞得焦頭爛額、疲憊不堪。

之前，這位媽媽再累都選擇一個人扛，是因為她堅信別人沒時間幫自己，也不可能幫自己，所以從來不主動尋求鄰居幫助。當她破除這個慣性做法後才發現，這只是自己的限制性信念而已，鄰居其實很願意幫忙。

如果妳和這位媽媽一樣，從來不主動請求幫助，可以試著向內覺察內心深處「無望」的限制性信念，然後勇敢地開口尋求幫助。

— 如何破除「自我否定」的限制性信念—

當媽媽形成了「自我否定」的限制性信念，就很容易因為伴侶的某句話而觸發「他嫌棄我、他不愛我了」的不安全感。甚至還會放大挑戰和問題，過度焦慮、害怕與別人建立情感連結、害怕自己成為別人的負擔；同時也很難與別人合作，因為一旦合作不成功，她就會自責，覺得是自己「無能」。

此外，還會不斷追求自己沒有的東西，忽略原本具備的能力和價值。

困擾自己的慣性模式

我們家最近在看房子，準備買有兩房的房子，但是手上的錢無法買地段好、品質好的房子。晚上，先生敲著計算機對我說：「現在的薪水太低，如果能再高一些，我們就可以多存些錢買更好的房子了。」

我愣了一下，這已經是先生第三次提起我的收入問題。我本來就為此自卑，前兩次他提起時，我都不好意思地轉移話題，但現在我不想再逃避了。我很難過，因為仍然重複著以前的模式。

「因為我收入低，所以先生不愛我」，這種想法讓我覺得自己低人一等。

當這位媽媽誤以為先生對自己的收入不滿意時，她心中「他嫌棄我、他不愛我」的不安全感和恐懼就被觸發了，感覺自己低人一等。但是當她開始練習深度陪伴課堂上學到的方法後，她覺察到自己的慣性模式，並且接

　　思考幾分鐘後，我在心裡做個深呼吸，很認真地對先生說：「我也希望自己的收入能再多一點，我非常努力地工作，但收入不高是事實，每次你提起這個問題，我都有很大的心理壓力，如果你真的很在乎這件事情⋯」

　　還沒等我說完，先生就急促地打斷了我的話，他看起來有點緊張地說，自從第一天認識我起就沒在乎過我的收入，會提起這個問題，只是很理性地想幫我分析目前我所在行業的整體情況。最近他在找房子，會計算各種費用，才會不自覺地算起我的收入，但他希望我不要有心理壓力，做好自己的事情就行。

　　先生後來還說了些安撫我的話，這個結果完全在我預料之外。其實在溝通前，我已經做好了最壞的打算，我也說服自己接受最壞的結果，沒想到先生是這樣的想法，我還感動了一下，原來雙方把話說清楚是如此重要。

納了現狀，認為「我只是收入比較低，這是我目前能做到的最好程度」事情因此發生了變化，她才看到了真相。

　　這位媽媽接納了現狀後，才發現對方根本沒有嫌棄自己。這時，她就能走出「自以為無價值的不安全感」，並看見愛、感受到愛。當一個人被愛包圍時，也是最能感受到自我價值、能量最高、潛能最容易釋放的時候。

　　有些全職媽媽脫離職場太久，生活中除了孩子就是做家事，很容易因為孩子不聽話、發脾氣、哄不了，或者老公對自己做的飯菜、帶孩子的方式有異議而沮喪低落。有些全職媽媽只要一看到孩子哪件事沒做好，負面情緒立刻就上來了。

　　如果妳也是這樣的媽媽，妳很可能被「自我否定」的限制性信念影響了，妳的潛意識認為家人對自己有異議，就等於自己沒有價值；孩子功課

不好，就等於媽媽沒有教好，也等於自己沒有價值。

要破除「自我否定」的限制性信念，一定要避免用「孩子功課好壞、家人是否認可我」等作為標準來評價自己。如果把自己放在深度陪伴CEO的位置上，妳會發現自己每天都自我價值感滿滿。

比如，妳為孩子看了育兒書或參加育兒講座，表示妳想要更好地養育孩子而努力著，這是妳身為深度陪伴CEO的價值體現。孩子做作業雖然拖拖拉拉，但放學後玩得很開心，對妳說「媽媽，妳是世界上最好的媽媽」，這是孩子發自內心的愛，一樣是妳身為深度陪伴CEO的價值體現。

孩子的爸爸回到家，吃了一口妳做的菜說「太鹹了」，但是妳沒有自責而是接納了自己沒做好菜的事實，這是妳愛自己的表現，同時是妳的成長以及妳身為深度陪伴CEO的價值體現。因為只有愛自己，妳才有能量照顧好孩子和家人。

放假時，妳帶孩子回父母家，父母一直嫌妳給孩子吃得太少、孩子太瘦，還指責妳太寵孩子。但妳沒有生氣，選擇「左耳進右耳出」，因為妳知道那是他們的認知而不是事實。面對親人的質疑，妳更有定力且不輕易地自我懷疑，這也是妳的成長，同樣是深度陪伴CEO的價值體現。

每一天，妳都能看到自己身為深度陪伴CEO的價值，妳還會陷入「自我否定」的限制性信念漩渦嗎？當然不會！

綻放自己，才能做高能量媽媽

◯ 拒絕有毒的人際關係很重要

沒有任何人可以脫離人際關係而獨自生存，每個人只有處於各種關係中才能更健康、更快樂地生活。然而，許多媽媽會為了維護關係而委曲求全，不敢表達自己的真實需求。

真實表達心中的想法，就能自在地生活

一直以來我都很清楚自己沒有自信，還害怕被別人發現。

比如與人來往時，我很害怕衝突與矛盾，不敢大膽表達自己的真實想法。在公眾場合演講時，我會膽怯、緊張；我不敢做銷售工作，害怕被人拒絕；我敏感、脆弱、容易受傷，找不到自己的核心價值和絕對優勢；我不習慣誇獎別人，也不享受別人的誇獎。這些沒自信的表現讓我把很多能量消耗在矛盾和糾結中，不敢有自己的夢想，不敢規劃未來。

回顧自己在生活中缺乏自信的具體表現，我發現自己在人際往來時為了避免衝突、矛盾或者尷尬，很多時候會選擇委曲求全而跟隨別人的想法。有一

次，我和朋友一起帶孩子出去玩。朋友提議帶孩子去吃冰淇淋，我沒有大膽地表達不想給孩子吃冰淇淋的想法，就是因為怕引起尷尬或讓對方不悅。

透過學習後，我意識到我可以直接對朋友說：「我家的飲食習慣比較不習慣吃冰品，會擔心他腸胃受不了，我還是買其他的東西給他吃吧。」這樣的表達既委婉又堅定，既說出自己的真實想法又不會讓朋友下不了台。在深度陪伴課堂裡，我學到了委婉而堅定的表達，從不敢拒絕別人變得敢於大膽表達自己的真實想法。

現在的我能明顯感覺到自己思維模式的變化，以前與人來往時，總難以說出拒絕的話，但我現在覺得如果委婉而堅定地拒絕了朋友，對方卻不能理解，我也不必遷就。

人們很容易把「接受自己不喜歡的事情」視為一種美德。小時候我們這樣做，可能會被大人誇獎很懂事。為了贏得父母的認可，父母越是鼓勵我們懂事，我們就越願意這樣委屈自己，為得到好評價；長大後，我們在職場這樣做，可能會被人誇「做事圓融、人緣好」，甚至很多人會誤認為這就是EQ高的表現。實際上，這和EQ高低沒有任何關係。

這樣做是為了討好別人以維持一段關係所得到的好處、是以犧牲自己的感受和需求作為代價的、是本末倒置的做法。

在婚姻中，有的女性為了維護家庭關係，聽到另一半說自己不會打扮、不夠漂亮，就去整形或打扮成男人喜歡的樣子。被說不夠溫柔，就把自己變成小鳥依人的模樣。聽到男人說女人應該全職在家帶孩子，明明很喜歡自己的工作，卻還是選擇犧牲自己來成就對方的事業。最後，妳會發現，

當妳不懂拒絕、單純為了關係而改變自己時，對方也會看不起妳的「低自尊」，妳的付出和努力並不會被珍惜。

如果妳想成為高能量的媽媽，首先要了解到關係固然重要，但是保持完整的自我更重要，所以拒絕比勉強維持關係更重要。在一段關係中，只有彼此都感覺開心，這段關係才會對雙方有滋養。如果妳不允許對方做自己，總是強迫對方去做不願意做的事情，或者對方總是不允許妳做自己，總是要妳做不願意做的事，那麼這樣的關係無法滋養彼此，不值得擁有。

身為孩子的母親，如果妳不能重視自己內心的感受和需要，總是逼迫自己接受不想做的事，又怎麼可能允許孩子做他們想做的事、怎麼可能允許孩子成為他們本來的樣子呢？

從今天開始，妳要學會拒絕，別再委屈自己了。

⌒ 滿足自己需求比體諒別人重要

如果家裡有三個孩子，而媽媽是排行第二的話，比較容易表現乖巧、懂事、體貼來贏得父母的歡心。因為老大曾經獨佔過父母的愛，而老么現在擁有父母最多的疼愛。只不過，懂事、體貼的結果往往是想要的東西不敢要，又擔心父母覺得自己不懂事。

帶著這樣的童年經歷進入婚姻的妳，會向伴侶不斷索取愛，覺得自己在父母身上沒有得到的愛應該從伴侶那裡得到。但同時，妳可能又會把對伴侶的不滿全部藏在心裡，不向他表達，時間久了，越積越多。

同時妳也把對伴侶的期待全部壓抑，不表達自己的感受和需求，只是一

味地等對方主動觀察和發現。妳希望對方有一雙火眼金睛，能直接看透妳的心思，主動做出妳期待的事。例如，快過情人節了，妳明明很希望對方送自己禮物，但就是不說，發現對方忘記了送禮或者送的禮物並不是妳想要的，就生悶氣。妳的要求對對方來說，真的有點太高了，如果對方的原生家庭跟妳相似，也渴求愛、尋找愛，又怎麼可能敏銳地發現並及時滿足妳對愛的渴求呢？

走出童年陰影，找回渴求的愛

我已經結婚成家也有了孩子，但經常和先生爭吵。我變得容易焦躁，對任何事情都想發脾氣。比如，他說好要來接我，但我等了好久他都沒來；回到家時，我看到他癱在沙發上滑手機，也不顧一下孩子⋯我忍不住怒火中燒，我們的爭執也越來越多。

我清理桌子時，因為太急躁把水打翻了，這本來是我的問題，但是我滿腦子想的都是他沒來接我，害我那麼晚才回到家，所以忍不住開始唸他，導致我們大吵一架，一家人整晚都沒睡好。

婚姻離我想像中的樣子越來越遠，更加深了我對愛的懷疑和否定，我覺得自己的生活很失敗，也覺得自己不值得被愛、是一個不被重視的人。因為我的需求沒有被認同，我的感受被忽視和指責，所以再美好的事物，我都覺得自己沒資格享有。

我時而鬱鬱寡歡，時而信心滿滿，對先生和孩子時而好言好語，時而惡言相向，心中就像有天使與惡魔不斷在打架、爭吵著。

　　這位媽媽覺得自己婚姻不幸福、先生不愛自己，但這並不是真相。她被童年的枷鎖禁錮，從來沒有勇敢地向先生表達自己的需求。當她意識到問題根源時，她嘗試切換了思維和表達方式，用表達自己真實的感受和想法來代替習慣性抱怨。結果，她的感受和之前完全不一樣了，夫妻關係也變得越來越好。

　　有一天，我身體不舒服，當時還有兩個孩子需要照顧，先生卻說要去打球。如果是以前，我會大發脾氣，說他不負責、沒有擔當，甚至對他進行人身攻擊，也會說自己有多辛苦，而他就知道玩。如果我這樣做，我們必定又要大吵。我壓著怒火，傳訊息和他溝通，把自己的想法和感受告訴他，也告訴他我希望他怎麼做。

　　那天，他為我做好飯、買感冒藥，把小寶哄睡著後再帶大寶去打球，還照顧我，讓我休息。我突然感覺：「哇，生活真美好。」雖然只是一件小事，但我看到自己的改變帶來不一樣的變化，真的是「感受好了，行為才會變好」，才能有雙贏的結果。

　　以前，如果先生工作不如意，家務沒有做好，我總用埋怨、指責、貶低、懷疑、命令的方式對待他。他在職場上不積極，我為他著急；他在家裡什麼也不做，我就像怨婦一樣指責他。後來，我嘗試改變溝通方法，結果有了驚喜的收穫。

　　先生最近回家後總是悶悶不樂，不是玩手遊就是去打球，不和我說話，我就寫E-mail給他，他告訴我工作上的困惑及擔憂。他先前之所以不對我講，是怕我責備他。我意識到自己以前的溝通方式有問題，於是鼓勵他，也幫他一起想辦法。現在，他工作的問題解決後，我對他說：「我真為你感到驕

傲，碰到很多困難，你都努力克服了，還把工作做得這麼好，主管還稱讚你，太厲害了！」

雖然剛學會鼓勵的我要說出這些話還有些生澀，但我正在努力嘗試改變。

這兩個月，我看到他眼中閃著光芒，人也越來越有自信，職場工作往好的方向發展，他也越來越努力。他的改變讓我信心倍增──原來我可以做到，我可以改善夫妻關係，我可以為孩子營造好的家庭氛圍。

看到這位媽媽的蛻變，我發自內心地為她感到高興。沒有比一個生命的綻放更加美好的事情了。在回憶自己童年經歷的環節，她也終於找到了自己總是不會滿足自我需求、總是慣性懂事體貼的根源。

在課堂上，我們回顧童年生活的場景時，這位媽媽是這樣描述的：

童年時代的回憶像播放電影般出現在我腦海中，我深陷進去，等回過神來，發現自己已淚流滿面。

小時候，我和弟弟得到的待遇是不一樣的，我從小就知道自己和弟弟在全家人眼裡是不同的。我是長女，要讓著弟弟、好吃的要給弟弟先吃；我要做好榜樣，有委屈不能哭、有想法不能表達。因此我總是被壓抑，不敢爭取自己的權利。

在潛意識裡，我覺得自己不配擁有更好的。我極度自卑，但又有很強的自尊心。我總是觀察著自己以外的世界。外公外婆的關係不好，爸爸媽媽的關係也不好，他們總是話不投機半句多，輕則吵架，重則打架。小時候的我會被他們的言行嚇哭，我認為是自己做得不夠好，他們才會吵架，是我不夠乖

巧，他們才會水火不容。

我總是小心翼翼努力討好他們。他們任何一個表情就讓我緊張半天，生怕他們又要吵架。他們也從來沒有關注過我的感受和需求。我很渴望得到父母的關愛，渴望和他們親近。但是媽媽看起來很忙也很不耐煩，總是斥責我沒有做好，我就更不敢和她親近；我渴望和爸爸親近，但媽媽看到我去找爸爸就會責怪我。小小的我不知所措，為了迎合媽媽，我漸漸疏遠爸爸，但內心極度渴望他的擁抱。

從小到大，我的感受一直被壓抑、被否定，我非常孤獨和困惑。很多時候，我不知道自己的感受是什麼，也不知道該如何表達內心感受。

我經常鼓勵媽媽們不要太體貼，累了不想做飯就叫外送，讓自己好好休息一下；煩了，就出去玩幾天，讓自己放鬆一下；生氣了，就直接告訴孩子「媽媽生氣了，需要時間冷靜一下」，不需要勉強自己是三百六十五天且二十四小時都溫和的好媽媽。

只有妳願意走出在原生家庭中養成的「體貼別人」的人設，願意滿足自己的需求，才有可能允許孩子不懂事、不體貼，也才願意力所能及地滿足孩子，而不用擔心會把孩子慣壞。

無論我們的原生家庭是什麼樣貌，都已經是過去式了，我們不能忽略原生家庭的負面影響，但也不要高估它，更不能把自己所有的失敗都歸因於它。我們現在是成年人，更是孩子的母親，不能戴著沉重枷鎖前行。夫妻雙方總得有一個人先放下童年的枷鎖，才能開啟幸福婚姻之門，身為家庭的深度陪伴ＣＥＯ，妳可以先邁出第一步。

⬭ 對自己滿意比被他人認可更重要

許多媽媽很努力地學習育兒方法，用心陪伴孩子成長，卻被家裡的長輩甚至是另一半否定。這時，妳會因為感到不被理解而難過，也會糾結到底該堅持自己的想法，還是該順從家人的意見。

認可自己，就有信心面對問題

我家孩子今年十一歲，從小幾乎都是我陪伴在他身邊。有一次假期，我們把孩子送回爺爺奶奶家，才待了三天就接到孩子電話，抱怨爺爺這兩天「罵」他，爺爺說他沒有在八點半之前睡覺、說他總想買小零食吃。第四天晚上，孩子在電話中的語氣明顯比前一天更生氣，說他餓了想吃泡麵又被爺爺罵，他不想留在爺爺家了。

我嘗試和公公溝通，公公卻怪我平時太寵孩子，還說他開始給孩子定規則後，孩子的表現比之前還好，還要我晚上睡前別打電話給孩子，以免影響孩子睡覺。

我聽到公公這樣說，心裡很不服氣、委屈、尷尬、難過，感覺他否定了我一直以來的努力。我平時沒有寵孩子，該管教時也會管教，也會因為他的調皮處罰他。接著，另一半也對我說：「爺爺說孩子在老家總是想看電視，而且晚上太晚睡覺了。睡覺比聊天重要，妳不要在睡前打電話給孩子了。」

另一半覺得被爺爺帶過的幾個小孩在作息方面都表現得很好，會按時睡覺、早起。但其實我想在睡前和孩子講一下電話，是因為我想安撫孩子，讓他放鬆情緒，我知道他因為爺爺嚴厲的管教方式感到很不適應。所以，聽到

另一半說這番話，我感覺他站在我公公那邊，一起質疑我。那種被質疑的感覺非常不好，為此我的情緒低落了好幾天。

後來我冷靜下來，明白另一半和公公都是為孩子好，公公經常引以為傲的就是他把孩子的作息管理得很好。其實他們並不是質疑我，我也不用因為他們不認可自己就情緒低落，只要我清楚地知道孩子的表現沒有爺爺說的那麼誇張，我也沒有溺愛孩子，我只是能夠接受孩子在假期偶爾放縱。而且，我雖然認同作息管理的重要性，但並不贊成使用強制的方式，這樣只會讓孩子情緒越來越大。孩子就是因為被爺爺強制要求馬上改變，所以才會不想待在爺爺家。

當我不再用另一半和公公的評價來看自己、當我能夠認可自己時，我發現育兒理念的衝突是能解決的。我耐心地和公公溝通，他居然軟化態度鬆口說，可以對孩子寬鬆些。第二天接到孩子的電話時，我很明顯感受到他沒有那麼抗拒待在爺爺家了。

如果妳把對自己的認可建立在他人對自己的認可上，妳的情緒狀態就會隨之波動，如果不透過他人評價來認可自己，妳的情緒會更加穩定，能量狀態也會更高。

有些媽媽覺得自己的生活一團糟、孩子沒養好、先生問題很多、工作也不順心，越是不滿意就越鑽牛角尖，脾氣也越來越不好，心情很糟糕。其實這種對他人和外部世界的不滿意，也是妳對自己不滿意的投射。

認可自己，就能靜下心來關注孩子

以前，我幾乎每天都要指責和抱怨女兒好幾遍，因為她太散漫了，起床、穿衣服、刷牙洗臉、寫作業、吃飯，做每件事都很慢。我每天都很崩潰，只有反覆地指責和抱怨她，才能發洩不滿。

幾乎所有的負面詞語都會被我拿來「貼」在孩子身上，孩子爸爸問我：「妳說的是我們女兒嗎？我覺得她一直都很優秀啊！在孩子背後監督她做的每一件事，還講各種負面的話，孩子聽了也很傷心吧，她會不會變得越來越差？」

後來，當我對自己越來越滿意後，我發現漸漸能靜下心來觀察女兒想什麼，即使看到女兒的行為不合我心意時 ，也不會再隨意批評她。

原來她盥洗動作慢，是因為想把牙齒刷得更乾淨、把腳泡得更舒服。原來她寫作業不是慢，是有自己的小計畫，先寫哪科再寫哪科，她只是在寫完作業後沒有第一時間收拾好書包，而是先動手做了計畫表、成績紀錄表…等，這些都是她能夠想到、有助於解決學習問題的事情。原來她吃飯慢，是想和爸爸媽媽多聊聊今天發生的事，因為我們下班回來後，除了催她寫作業就是忙著處理工作，根本沒有時間聽她閒聊。

這些發現讓我驚訝，原來用不同的心態看同一件事會有不同感受。我現在覺得女兒聰明、懂事、做事有規劃，常常讓我感到很欣慰。

妳看，就是這麼簡單。我們覺得生活瑣碎煩心，覺得問題都是他人造成的，沒想到問題卻是出在自己身上。**其實，決定我們能量狀態的不是別人對我們的評價和態度，而是我們對自己的評價和態度。**

當妳意識到這一點，並把問題的焦點從外部轉向內部，學會更多的自我肯定，妳的生活狀態才會發生改變，自我的生命之花才能更好地綻放，妳的能量也會越來越高。

放大優勢比改正缺點重要

在亞洲國家，大多數媽媽從小很少得到父母的肯定，所以習慣性苛責自己，總覺得自己做得不夠好，也只看見自己沒有做好的地方，會和別人比較來鞭策自己往前走，覺得自己不夠優秀時，還會覺得很慚愧。

妳對自己的要求和高期待，其實是童年時父母對妳的要求。小時候我們誤以為只有達到父母的期待，自己才值得被愛、才能被愛。但是，有些父母對孩子的高期待是無止境的，所以孩子永遠無法達到。當了媽媽後，妳接替了父母的角色，拼命想讓自己變成理想中那個優秀的人，妳覺得好累，不是在訂定目標的路上，就是在為目標拼命奔跑的路上，甚至沒有一刻停下來享受已經取得的成績，為自己的努力和成就鼓掌。

妳大可不必沿著這條路一直走下去，其實還有另一個選擇，那就是啟動和放大自己的優勢。

有些媽媽特別擅長做美食，無論孩子想吃什麼都能做出來，而且做的色香味俱全，那就放大廚藝的優勢。有些媽媽特別擅長手作，總能帶著孩子

做出讓人驚豔的作品，那就放大這個優勢。有些媽媽辦親子活動很厲害，每次都能讓參加的人玩得很開心，有趣又放鬆，那就放大這樣的優勢。

有些媽媽特別有感染力和帶動力，無論分享什麼好物，總有許多媽媽會跟風團購，那就放大具有影響力的優勢。有些媽媽特別喜歡分享育兒心得，用心記錄陪伴孩子的點滴，那就放大圖文創作的優勢，可以成為像我一樣的圖文創作者。

即使是一位全職媽媽，在深度陪伴孩子成長的過程中，也一定做過很多自己喜歡的事，這些事就是妳發現自我優勢和潛能的切入點。

只要妳能看見自我優勢、認可自身價值，就能找到輕鬆綻放自我的路徑。與不斷鞭策自己或改掉缺點相比，這條路會讓妳更加快樂，有更高的自我效能感，也更容易讓妳產生**心流體驗**[①]。

---

① 心流體驗是匈牙利心理學家米哈里 · 契克森米哈伊（Mihaly Csikszentmihalyi）在 1970 年提出的概念，被認為是提高幸福感、成就感和生活滿意度的關鍵因素。心流體驗是一種心理狀態，指的是當人們全心投入一項活動時，對時間和外部環境的感知消失，當下精神高度集中，感覺自己的技能與挑戰之間達到完美平衡的狀態。

讓家裡的長輩成為妳的助力

　　現在許多家庭都是雙薪，因此需要有人幫忙帶孩子。以親情層面來看，自己的父母幫忙帶孩子的用心程度是托嬰中心或保母無法取代的，再加上保母或托嬰中心的老師都是流動性的工作人員，無法與孩子建立穩定持久的依附關係。所以，如果能夠好好地處理隔代教養的衝突，請自己的父母幫忙照顧孩子是最佳選擇。

　　但是，長輩有些會認知固化，養育觀念、生活習慣與下一代的差異較大，可能會因此出現衝突。如何處理這些衝突才不傷害家人之間的感情，也不委屈自己和孩子，還能讓長輩成為妳養育孩子的「助力」而不是「阻力」呢？

⌒ 接納長輩的介入

　　樂樂小時候經常生病，我記得他三歲那年發燒十次，其中一個月還發燒了兩次。當時，因為常常去醫院，我都快崩潰了。

　　每次樂樂發燒時，我和孩子的爺爺奶奶總會發生衝突。他們會不斷催促我帶樂樂去醫院，而我認為只要孩子發燒的溫度不是太高，並不需要強迫

退燒。我傾向給孩子身體多一些修復的時間，讓他用自己的免疫力跟病毒對抗，這樣對孩子的身體更好。

可是，爺爺奶奶心疼孩子，實在沒有耐心等待，看我不帶孩子去醫院就不斷施壓，對我說：「妳是不是孩子的親生媽媽呀？孩子都燒成這個樣子了，妳還不帶他去醫院，孩子又不是妳一個人的，妳不能想怎麼弄就怎麼弄。」被爺爺奶奶責備，我非常委屈也很難受。這時，樂爸也是兩邊為難，一邊是他的父母，一邊是他的妻子。最重要的是，他也不確定哪種方式對孩子最好。

其實，我也不確定，因為我不是醫生。我看過不少兒童健康管理的書，也學過一些育兒課程，但樂樂是我的第一個孩子，我也沒有經驗，所以當爺爺奶奶不斷催促、逼迫我帶樂樂去醫院時，我只好妥協，因為我也無法承受「萬一孩子出現三長兩短」的後果。

記得有一次半夜，我帶樂樂去醫院排隊三小時看急診，最後醫生看了五分鐘，就讓樂樂喝退燒藥然後回家觀察。有了幾次經驗後，我都能預測樂樂的病情發展過程了。一般是先咳嗽，再發燒、流鼻涕，退燒後，還要咳嗽一週左右才會好。

後來，樂樂的體質越來越差，我帶他去醫院檢查，他被診斷為「急性喘息性支氣管炎」，真把我嚇到了。我開始接觸中醫，學習一些小兒推拿、艾灸的知識，認識一些好的老師，讓自己在孩子生病時，能夠有底氣跟爺爺奶奶說：「爸媽，我知道你們心疼樂樂，但是請相信我，我是孩子的媽媽，我一定希望自己的孩子好，我現在正在學習，你們放心，我會把樂樂

的身體調理好的，只是需要一些時間。」

在我的學習和努力下，樂樂生病的次數越來越少，即使生病了也恢復得很快，而我和爺爺奶奶的衝突也越來越少了。後來，樂樂再次生病時，爺爺奶奶甚至會主動說：「妳決定就好」。因為我的努力，樂樂的身體逐漸變好，這些情況爺爺奶奶是看在眼裡的。後來，雄雄出生後，在兩歲前也發燒過兩次，但爺爺奶奶也像我一樣可以很淡定地面對了，因為他們非常信任我，知道我有能力處理好孩子的生病問題。

我和爺爺奶奶因為樂樂生病的問題發生衝突，其實是我自己無法接納長輩的介入，自己也沒有足夠的育兒能力，所以，當爺爺奶奶不認同我的做法時，我只能用情緒去應對。

後來，我能夠接納爺爺奶奶的介入，並且把注意力放在提升自己的育兒能力上，即使長輩仍然不認同我的做法，我也能夠更加理性地向他們表達我的理由，請他們給我時間讓我處理。隨著我不斷學習成長，我的育兒能力提升了，孩子的體質也得到改善，爺爺奶奶都相當清楚，我們的衝突自然越來越少。

所以，**重點還是我們要不斷提升自己的育兒能力。**

⬭ 讓長輩成為孩子成長的「闖關遊戲」

每位媽媽都想讓長輩和自己的育兒方式保持一致，如果做法不同又不願意聽取我們的建議，就很容易會抱怨。可是，抱怨只會讓自己的能量更低，並不能解決問題。這個時候，理性的做法是把焦點放在孩子身上，而不是關注長輩的做法，因為我們的目標是「為孩子好」。

有天早上，我看到樂樂穿了兩件上衣外加一件棉背心，可是那天明明一點都不冷。

我：「樂樂，你為什麼穿這麼多呀？」

樂樂：「奶奶要我穿的。」

我：「那你自己覺得冷嗎？」

樂樂：「我覺得不冷。」

我：「既然你覺得不冷，為什麼不跟奶奶說呢？」

樂樂：「我沒辦法呀，奶奶非要我穿。」

我：「樂樂，你知道嗎？我們每個人都是有選擇的，奶奶要你穿是她擔心你會冷，可是奶奶並沒有逼著你一定要穿，所以你可以選擇不穿。」

樂樂：「因為我累了，我不想花時間和奶奶溝通，她把衣服穿在我身上，我就接受了。」

我：「原來如此，所以你其實做出了選擇，就是接受奶奶的建議。」

樂樂：「對。」

我：「所以你並不是沒辦法，而是自己主動做出的選擇。」

樂樂：「對。」

我：「你看，其實我們遇到任何事情，都能自己主動做出選擇，沒有人可以強迫你。即使有人強迫你，你還是可以自己決定你的想法，沒有人可以強迫你的思想自由，對嗎？」

樂樂：「沒錯！不過，如果我不告訴別人，別人就不會知道我在想什麼。」

我：「對呀。」

如果我把焦點放在奶奶的做法上，那我一定會產生負面情緒，埋怨奶奶：「怎麼給孩子穿這麼多，孩子穿多了反而容易出汗，如果吹風著涼怎麼辦？」

我婆婆快七十歲了，身體不太好，平時穿得比較多，所以她無法切身感知孩子的需要。這一點我自己也能體會，所以我很理解婆婆的想法。有一次我生病也很怕冷，一點風吹過來就受不了，要戴上帽子才可以。而樂樂活蹦亂跳的，穿得很少也不怕風，更不用像我一樣戴帽子。如果那時我用我的感知去推測樂樂的需要，一定也會像婆婆一樣，要樂樂多穿一點。

畢竟婆婆年紀大了，想改變她並不容易，於是我就把重點放在和樂樂的溝通上，讓樂樂學會主動向奶奶表達自己的需要，而不是被動地接受奶奶的要求或建議，這樣孩子反而可以成長得更好。

孩子將來會遇到各種各樣的人，我們又怎麼能保證，其他人不會用自己的認知去衡量我們孩子的需要而強加在他身上呢？如果我們作為深度陪伴

CEO，能夠把育兒衝突想像為孩子成長的「闖關遊戲」，就可以抓住這樣的機會，**培養孩子自發性地了解自己的需要、清楚表達自己所需並學會合理地拒絕別人。如此一來，反而能有效地幫助孩子正向成長。**

借助權威觀點強化說服力

雖然在許多媽媽眼裡，我已經是一位「育兒專家」，但在我家的父母、公婆面前說到育兒的事，他們也不一定認為我是對的、不一定想聽我的。他們喜歡在家庭群組轉發育兒專家的文章，雖然有些文章在我看來是找話題賺按讚數，但爺爺奶奶看到作者的頭銜，覺得對方很權威，就會認同他們的觀點。

俗話說「外來的和尚會念經」，所以每當爺爺奶奶分享這樣的文章時，我都會認真閱讀，找出裡面比較認同的觀點再向他們表示感謝和認同，然後再找一些我認為既權威又專業的資訊分享給他們，加強彼此都有共識的育兒理念。

和長輩溝通時，有時能用數據說話

婆婆不像我會關注寶寶的每個細節，會留意溫柔細心地照料寶寶。她幫寶寶洗澡、放下寶寶和抱起寶寶的動作都很粗魯，她不覺得會弄疼寶寶，都跟我說「沒關係的、不會有問題」，我和先生都覺得很困擾。

前天晚上我下班回家，看到婆婆揹著寶寶做飯，我走進廚房，寶寶把頭仰

起來看我，婆婆不知道寶寶的頭仰得很高，穿過門框時差點撞到寶寶，我壓下情緒對她說請小心，她仍然不以為意。

在那一刻，我真切地體認到必須改變和婆婆的溝通方式了。我不想和婆婆爭輸贏，只是希望寶寶平安健康地長大，我相信這也是婆婆希望的。

想明白了這一點後，晚上吃飯時，我拿出一則網路新聞：「我國每年因為照顧者大意、疏於照顧而導致的零至十四歲孩子的死亡人數約為十六萬。」唸完這句話，我看到婆婆臉上第一次出現了吃驚又不好意思的神情。我緊接著說：「有些後果我們真的沒辦法承擔，後悔也沒有用，所以只能盡可能用心、細心地照顧寶寶。」先生在旁邊表示認同，婆婆沉默了一下，最後也點了點頭。

全家人都有個共同目標，就是希望孩子健健康康、平平安安地長大。如果妳能夠借助權威專家的觀點和資料，客觀地描述長輩育兒方法對孩子的影響，以及提出專家建議的做法對孩子的好處，我想出自對於孩子的愛和關心，絕大多數的長輩都會很願意做出改變。

◯ 了解長輩不可理喻的真相

其實，許多長輩都有「自我否認」的限制性信念，這也是為什麼常和子女產生衝突的原因。

比如，長輩為了保證孩子的安全，不讓孩子跑跑跳跳，卻影響了孩子的體能發展；兒子媳婦抱怨長輩帶孩子的方法不對，也會讓長輩內心深處的

「自我否認」限制性信念變得更深。有的長輩只好在做家事和補貼子女家用時做得更多，想讓子女覺得自己「有價值」。

對長輩多一份體諒與理解

我婆婆脾氣非常好，連我們家孩子都說，奶奶是我們家從來不發脾氣的人。但是好脾氣的背後，其實藏著很深的「自我否認」限制性信念。

比如，週末我們一家人打算出去玩，我問婆婆要不要一起去。

婆婆回答：「妳們希望我去，我就去。」

我回答：「我們當然希望妳去。」

我婆婆身體不太好，走久了就容易累。但是因為我們希望她去，她為了體現自己的價值，讓自己感受到「我有能力滿足妳們的需求」，從來不會主動說「我累了，我不想走了」，或者「我累了，今天就不跟妳們出去玩了」。我觀察一段時間並了解她的身體情況後，我會主動說：「媽，您不用跟我們一起出去，我們會照顧好孩子的，您放心。」

可是，婆婆有時也想跟著我們一起出去玩，卻又擔心成為我們的負擔而不敢表達自己的需求。於是，又會出現因為我們沒有主動邀請她，她就在家裡獨自待了一天的情況。

現在，每次週末出門前，我都會跟婆婆說：「媽，您如果覺得累就不用跟我們去，我們會照顧好孩子，如果您覺得身體可以，想跟我們一起出去，我們非常歡迎您一起。」

如果妳和父母、公婆相處時有很多衝突，也可以嘗試從「自我否認」的限制性信念角度出發，找到他們行為背後的原因，理解他們的做法。一旦理解他們，就不會那麼容易因為對方而產生負面情緒了。

遇到這類型的長輩，建議分開住

曾有學員分享，她們和公婆的衝突實在到了無法解決的程度。比如，媽媽不願意給孩子吃不健康的零食，爺爺奶奶表面上答應也認同媽媽的說法，私下卻不斷地給孩子吃。有些爺爺奶奶和媽媽有不愉快，會故意在孩子面前說媽媽的壞話，甚至對同一件事情，在孩子面前說的和在媽媽面前說的不一樣。有些爺爺奶奶則特別喜歡讓孩子長時間看電視，無論怎麼溝通都不願意改變。有些爺爺奶奶帶孩子時狀況百出，讓媽媽很不放心。甚至有些爺爺奶奶一生氣就打孩子，媽媽雖然心疼，但是改變不了爺爺奶奶的做法。

如果遇到以上的「特殊情況」，確實很難溝通解決，我會建議和這樣的長輩分開住，彼此都開心，對孩子的成長也更有益。

的確，不是所有問題都可以透過溝通來解決。有時候難免會出現短期內無法調和的衝突，處理時很費心神。當媽媽們遇到這種情況時，坦然接受就好，先生、孩子會隨著妳的自我成長，與長輩的關係也隨之發生變化。

有一位學員，因為婆婆重男輕女，生下女兒後，和婆婆的關係非常緊張，甚至因此得了輕微的憂鬱症。婆婆從來沒有幫忙帶過孫女，也沒有到家裡住過，這位學員只在逢年過節時出於禮貌和孝道，會回婆婆家裡住幾

天，她從來沒想過花心力去修復和婆婆的關係。

　　然而，隨著她的成長和婆婆變老，有一年過年回老家時，她發現曾經讓自己受傷的婆婆居然變得慈愛了。當然，她也很快接受婆婆的善意，開始主動地用心和婆婆溝通，她們之間的關係突然拉近許多。所以，不要擔心分開住會傷害關係，有時候，保持距離反而可以在未來的某一天讓彼此的心變得更親近。

第五章

✦

讓整個宇宙都來幫妳

【魔法5】

　　當妳覺得自己被孩子、工作、生活的壓力壓得喘不過氣來的時候，是否會習慣性「硬撐」，告訴自己「再累、再辛苦都能靠自己扛下來」？

　　事實上，妳完全不必這樣。「硬撐」只會讓妳的能量越來越低，甚至把妳最後一點力氣都榨乾。在這個宇宙空間裡，除了妳的伴侶、妳的孩子，還有許多資源可以利用，幫助妳解決當前面臨的育兒問題。要記得，妳不是獨自一個人。

　　本章會引導妳看到身邊觸手可及的資源和幫手，讓整個宇宙都來幫妳。

讓學校老師成為妳的幫手

　　有些媽媽和學校老師溝通時，會不自覺地把自己放在「聽話學生」的位置，無論老師說什麼都認同。如果老師說孩子表現不好、上課說話、下課後調皮打鬧、成績下滑，媽媽馬上站在老師那邊，轉頭就用和老師一樣的方式責備孩子，甚至把自己的情緒發洩到孩子身上。這樣做的結果就是，孩子沒有得到老師的理解和支持，也沒有得到家長的理解和支持，感覺孤立無援，時間久了很容易產生厭學的情緒。

　　有些媽媽則在強勢的老師面前特別緊張，雖然對老師說的話並不是很認同，但擔心和老師唱反調會得罪對方，不知道怎樣和老師溝通。有些媽媽聽到孩子說某個老師不好，或者不喜歡某個老師，不知道該不該相信孩子的話，要不要勸孩子喜歡老師並和老師好好溝通。

　　家長與學校之間的溝通確實有一定難度，因為這與孩子的情況、老師的性格、各個老師的教學理念都息息相關。不過，即使困難妳也要有信心，因為家長和學校的目標都是希望孩子成長得更好。

⬣ 成為孩子與老師間溝通的橋梁

如果老師向妳回饋孩子的問題時，讓妳明顯感受到的是關懷、理解、支持，我相信妳對老師表達認同甚至感謝時都很容易。

但是老師對孩子的評價也可能有負面的，例如孩子上課不認真聽講、課間調皮打鬧影響了其他同學⋯等，但妳眼中的孩子其實沒有這麼差勁。在這種情況下，妳不需要認同老師對孩子的評價，但可以表達「對老師的認同」，至少老師提出這些是關心孩子成長的、是負責的。我們可以對老師說：「謝謝老師把孩子的這些情況告訴我，我會和孩子好好溝通，了解具體原因後再和您討論。」

站在老師的角度，如果老師知道家長也很重視孩子的學習和成長、對孩子很負責任，老師會很放心；站在妳的角度，妳也不必費心恭維老師，更沒有必要與老師作對。

等我們和孩子溝通後，可能會發現孩子真的做了擾亂上課秩序、影響其他同學的事。在這種情況下，我們需要去引導孩子改變行為，**記得，正向引導的效果一定比負面的批評好。**

首先，我們可以認同孩子，例如對他說：「媽媽要謝謝你的坦誠，願意把真實情況告訴媽媽，也勇於承認自己做的事情，坦誠和誠實本身就是非常好的品德。」接著傾聽孩子為什麼這麼做的原因，最後再引導孩子思考，如何做可以更好。

⬬ 解開老師和孩子間的誤會

有些老師會對孩子反覆出現的不當行為產生誤解和負面印象，覺得孩子調皮搗蛋或者內向膽小。同樣地，孩子也可能會覺得老師太凶、不近人情…等。無論是以上哪種情況，對孩子的成長都不好。

身為家長，我們有個很重要的任務，就是幫助老師和孩子了解彼此。

樂樂剛上小學時，覺得英文老師太嚴厲了，每次上英文課就會緊張，怕自己出錯、出糗，也害怕被老師點名。有一次，我去參加樂樂班級的家長會，聽到英文老師講她的教育理念，我一下子就喜歡上這個看似嚴厲，實際上對孩子充滿包容和愛的老師。

於是我對樂樂說：「樂樂，媽媽聽你講過英文老師很嚴厲，我相信這是你真實的感受，畢竟每個人都喜歡溫柔的老師。但是今天媽媽去參加家長會，聽到英文老師分享一件事。她說有次課堂上，她請同學回答問題，被問的同學回答不出來，後來有同學迫不及待地打斷他，還直接說出答案，然後老師責罵了那個搶答的同學。是不是有過這件事？」

樂樂回答：「是的。」

我說：「媽媽覺得老師做得很棒，她給每個同學公平回答問題的機會，還尊重每個同學的步調，這樣的公平和尊重真的非常難得。你知道嗎？能遇到這樣的老師很幸運，至於老師的嚴厲，每個人都有自己的說話風格，你覺得老師的嚴厲是針對你個人呢，還是針對你學習上的問題？」

樂樂想了想說：「她是針對學習上的事情。」

我又問樂樂：「那你想要一個嚴厲但對你們公平、尊重你們步調的老師呢，還是想要一個溫和但不公平、不願意耐心等待你們回答問題的老師呢？」

樂樂說：「我寧願要嚴厲但對我們公平的老師。」

從此以後，樂樂對英文老師的印象和評價有了很大的改變。放下了對老師的誤解和負面印象之後，樂樂在英文課堂上的表現也越來越活躍，老師對樂樂的正向回饋也越來越多。我也會把老師對樂樂的正向回饋在第一時間轉達給樂樂。樂樂越來越喜歡英語老師了。

所以，不用因為老師對孩子有不好的印象或評價而憂心，也不用因為孩子不喜歡某位老師就焦慮。只要妳好好發揮孩子與老師之間橋梁的作用，這一切都是可以改變的。

➰ 幫助老師理解孩子的節奏

每個老師都有自己的教學節奏，但是未必適合妳家的孩子。這是因為老師的職責不是教好妳家一個孩子，而是整個班的孩子。所以，老師的節奏只能滿足大部分孩子的需求。

有些孩子特別聰明，學習能力特別強，而覺得老師的教學節奏慢、上課枯燥無聊；有些孩子學習新事物比較慢，領悟能力稍微弱一些，孩子因為

壓力而覺得老師的教學節奏有點快。在這種情況下，不要盲目地被老師的節奏帶著走，而要根據情況選擇適合自己孩子的節奏。

　　樂樂剛上小學時，學校作業比較多，加上他寫字速度偏慢，每天放學後幾乎都要花三小時寫作業。

　　我認為這樣下去很可能會影響孩子對寫字、寫作業甚至是學習的興趣和熱情，於是主動和樂樂的老師溝通。我告訴老師，樂樂寫字速度比較慢，寫作業時間太長，這會影響他的學習積極度。在溝通後，老師和我達成了共識：「作業不做完也沒關係」、「可以按照孩子的節奏，重要的是作業的品質而不是作業完成的量」。於是，樂樂順利地渡過剛上一年級那段特別忙亂的日子。

　　現在，大多數學校越來越重視學生學習、寫作業的積極性和完成作業的品質。如果妳覺得自己孩子的節奏跟不上老師的要求，也可以採用這個方式主動和老師溝通，在某個階段適當減少孩子的作業量，以減少孩子的挫敗感和疲憊感，從而保持孩子對學習的積極度。然後，再幫助孩子提升寫字的速度和學習的能力，讓孩子跟上班級的整體教學節奏。

幫助老師理解孩子的特質

老師在課堂上要面對幾十個孩子完成教學任務，而群體中難免有些成為老師眼中「需要特別關切」的孩子，比如總是擾亂課堂秩序的孩子、學習跟不上的孩子，還有一種是不太主動舉手回答問題的孩子。

如果妳的孩子是以上三種類型之一，想讓他保持學習的興趣並且能在學校裡得到成長，妳必須幫助老師理解孩子的性格和心理需求，老師才知道如何更有效地提供協助。

如果妳了解孩子總是擾亂課堂秩序，是因為他容易受到其他喜歡說話的同學影響，那麼，妳可以請求老師把孩子的座位調換到比較安靜的同學旁邊。如果是因為他想要得到老師的關注，妳也可以與老師溝通，幫助老師了解孩子的心聲，避免給孩子貼上「調皮搗蛋」的標籤。同時，媽媽在家裡要加強對孩子的深度陪伴，讓孩子內在「被關注」的需要得到滿足，這樣，孩子就不會想要擾亂上課秩序來博得老師的關注了。

如果妳了解孩子學習進度慢，是因為孩子的學習能力比較弱，那麼也可以和老師溝通，說明孩子的情況，請老師允許孩子暫時跟不上，避免給孩子貼上「學習力不佳」的標籤。同時，妳也需要在家裡加強對孩子的深度陪伴，允許孩子學得慢一點，透過持續和反覆練習，陪孩子把落後的進度慢慢趕上。

如果妳了解孩子從來不主動舉手回答問題，是因為擔心自己回答錯了會被同學們嘲笑，或者不確定自己的答案是否正確。那麼，妳可以告訴老師孩子的心理需求，請求老師的幫助。老師可以在班上強調相關禮儀，例

如有同學回答提問時，其他同學不能插嘴、嘲笑或搶答…等，透過這樣的方式，讓孩子放心大膽地說出自己的想法；老師也可以在私下多鼓勵妳的孩子，告訴他回答錯了或不完美都沒關係，只要能夠勇敢地說出自己的想法，就能獲得進步和成長。

我一直強調媽媽對孩子深度陪伴的重要性，**因為妳必須比老師更了解妳的孩子，才能告訴老師孩子的性格和心理需求是什麼**。如果連妳自己都不了解自己的孩子，又怎能奢望老師個別幫助妳家孩子呢？

➤ 不要盲目配合老師

身為家長，配合老師的教學工作是天經地義的事。但是，如果盲目配合而忽略了自己孩子的特點，反而有可能阻礙孩子成長，導致他們無法適應學校的環境。

在學校學習的課程也是為了促進孩子的成長。身為媽媽，要了解老師是陪伴孩子成長的幫手。至於什麼時候要配合老師、什麼時候不該盲目配合，就需要具備深度陪伴CEO的智慧。

我依老師說的做，卻忽略了孩子真實的想法

之前老師經常跟我說孩子調皮、上課講話、課間亂跑、違反紀律等情況。我抱著「要多配合老師的教學工作」的心理，反覆告誡孩子要遵守規則，不要上課講話、不要調皮搗蛋。

剛開始孩子的行為表現有好一些，但過了一段時間，我又被老師頻繁投訴孩子作業不認真、聽寫錯誤太多、學習態度不佳。我聽了非常著急也很焦慮，認為自己已經很努力配合老師了，也和孩子認真溝通了，甚至還陪他做聽寫練習，但是孩子依舊沒有太大變化，問題越來越多。

老師認為我這個家長沒盡到責任。那段時間我感到無能為力，每天都在焦慮緊張，直到孩子上床睡覺了，才稍微鬆一口氣。後來，我甚至看到老師的訊息就很害怕，因為我也不知道該怎麼辦。有一次孩子不配合，我為難地哭了，感覺養育孩子好難。最後，孩子厭學了，每天躲在家裡不想出門。直到放寒假，我帶孩子回到老家，孩子和我回歸自然，加上一直在學習深度陪伴的課程，我意識到過去的我一直在配合老師，但是有沒有一種可能是，老師並不了解我的孩子，老師對孩子的評價是不客觀的呢？

於是我和孩子一起討論了關於學校的事。孩子不想回到原來的學校，不過願意去新的學校試試。我們後來尊重孩子的選擇，換了一所離家更遠，但是他很喜歡的學校。本來我還擔心他會不適應新的學習環境，但一個多月下來，孩子沒有出現過紀律問題，學習也有進步，老師也從來沒說過孩子調皮搗蛋，甚至以前作業總是做不完的問題也不存在了。

我的心終於放鬆下來。孩子換了新的學校後，我發現以往和老師溝通時的

恐懼感也消失了。和老師溝通時，我開始有餘力探討如何更好地幫助孩子，鼓勵孩子看到自己的優勢，而不是像以前那樣，老師說什麼，我全部認可然後配合執行。

經過這件事，我真正體驗到深度陪伴的價值。我發現孩子所有的問題，都可以用深度陪伴去療癒。

不要把老師和學校當作不得不服從的權威，也不要盲目地配合老師，老師希望孩子好，但是老師難免也有侷限或不擅長的部分。身為孩子媽媽的我們，要提升自己作為深度陪伴CEO的能力。老師和學校都是能幫助孩子正向成長的資源，應該與老師一起了解孩子，找到適合孩子的方法和環境，某些行為問題自然就會消失。

保母無法取代媽媽

許多雙薪家庭中的長輩無法支援帶小孩時，通常會請保母來幫忙。雖然照顧孩子的問題得到解決，但是很容易發生保母替代父母對孩子的陪伴，導致孩子和保母很親，和父母卻越來越疏遠的問題。

有位學員媽媽對家裡的保母很生氣，因為她家兩歲的孩子和保母很親，什麼事都要找保母，不找媽媽。媽媽覺得保母有問題。而真實情況是，孩子自從出生後就一直由保母照顧。孩子的爸爸媽媽工作非常忙，每天早出晚歸，根本沒時間陪伴孩子，從白天到晚上都是保母陪伴孩子身邊。因此，從孩子的角度來看，保母就是自己的媽媽，因為她陪伴自己最多，他們之間的感情也最深。

為什麼媽媽在孩子兩歲時才發現孩子和自己不親呢？這是因為孩子在兩歲左右，自我意識發展會出現第一個高峰期，在這個階段，孩子的需求會有很大的變化，不再只有生理層面，而對情感的需求變多。所以如果大人很少陪伴孩子，會突然發現孩子和自己不親了。

　　孩子出生後的前三年，是建立「依附關係」最關鍵的時期。這段期間，孩子會與深度陪伴的人建立**依附關係**①。如果保母給孩子的深度陪伴多過於媽媽和爸爸，那麼在孩子的心裡，保母就會變成媽媽的替代者。

　　千萬不要為了省事，就把孩子重要的成長階段完全交給保母，因為孩子三歲前會建立起重要的依附關係，如果和他（她）長期相處的人是保母而不是媽媽，之後哪天保母離職了，孩子就會喪失安全感，這對孩子的成長是非常不利的。

　　晚上再忙再累，建議媽媽也要親自陪伴孩子入睡，每天早晚都要預留深度陪伴孩子的時間，跟孩子在一起時重視情感交流，在他們三歲前，儘量不要離開孩子身邊超過一週。只要能做到這四點，孩子就一定可以與妳建立起安全依附關係，更不用擔心保母會取代妳的重要性了。

---

① 英國心理學家約翰・鮑比（John Bowlby）在 1950 年提出著名的依附理論。他認為嬰兒和幼兒會對母親或其他主要照顧者產生強烈的情感依附，這種依附關係對孩子的心理發展和情感健康具有重要作用。

1970 年，瑪麗・安斯沃斯（Mary Ainsworth）透過「陌生情境」（strange situation）實驗，發現了依附關係的四種類型：安全型依附（Secure Attachment）、焦慮型依附（Resistant Attachment）、逃避型依附和混亂型依戀（Disorganized-disoriented Attachment）。安全型依附表現為孩子信任並依賴照顧者，當遇到困難或情感需求時，能夠從照顧者那裡獲得支持和滿足。研究發現，擁有安全型依附關係的孩子在自尊心、社交技能、情緒調節和心理適應…等方面表現更佳，而缺乏安全型依附關係的孩子則可能面臨更多的心理和情感問題。

為孩子挑選才藝班不盲從

許多父母很捨得為孩子花錢，尤其是才藝班。有的媽媽只要聽說什麼才藝班可能對孩子好，或是哪個媽媽已經幫孩子報名了，就會想是不是也要讓自家孩子去上課。

有位學員，在孩子兩歲多時帶他接觸樂高，學習後覺得很好，就衝動買下近三萬元的樂高課程。可是孩子對樂高課的興趣沒有她想像中那麼大，每次帶孩子上課，她都要花很多精力說服孩子，往往孩子還沒怎麼融入，活動就結束了。

媽媽不得已，只能暫停課程，想著等孩子大一些，沒有「分離焦慮」了，可能就會喜歡上樂高課。一年半之後，媽媽發現孩子好像有了「想試試」的念頭，趕緊聯繫老師並讓老師了解孩子的習慣。老師做得很好，全力配合，孩子也慢慢融入了課堂。正當媽媽認為這次孩子會把課程上完時，孩子提出要媽媽陪自己上課，否則就不繼續上課了。媽媽和老師溝通後，老師答應了，媽媽也做好了陪孩子上課的準備。

可是，漸漸地，班裡其他孩子也出現類似的「分離焦慮」，且其他孩子

會指著她的孩子說：「她媽媽一直在班上，我也要我媽媽陪我，我也要我爸爸在這裡！」為了不影響其他孩子，媽媽只好停掉樂高課，讓孩子在家和爸爸一起玩樂高。

後來這位媽媽告訴我，她之所以給孩子報樂高課，是因為她希望孩子在上幼稚園之前能體驗不同的課程，剛好遇到樂高課程有優惠活動，覺得很實惠就報名了。現在想想，這完全是衝動消費、完全是自己一廂情願的臨時決定，她並沒有提前了解孩子對樂高是否真的有興趣。

所以，幫孩子報才藝班時千萬不要盲目跟風，不要以自己的感覺和期待為依據，也不能光看孩子一時的興趣，而是要找到真正適合孩子且他也喜歡的，才能讓孩子在才藝班中的學習有所收穫。

● 觀察孩子的興趣所在

孩子越小，越容易找到自己的興趣，尤其是三歲以前的孩子好奇心最旺盛，只要不阻止孩子探索，妳會發現孩子對很多事情都非常感興趣。

樂樂一歲時，我就發現他對音樂特別有感覺，每次放節奏感較強的音樂，他就會跟著一起扭動；不到兩歲時，若去商場裡賣電子琴的地方，他就會坐在電子琴前一直彈，不肯走。所以，在他很小的時候，我就為他買了一台電子琴，培養他對樂器的興趣。

後來樂樂長大了，又對鋼琴、爵士鼓、非洲鼓等樂器產生興趣。我會帶他去店裡體驗彈鋼琴的感覺，也會帶他去打擊樂音樂會現場感受打擊樂，

也買了非洲鼓、烏克麗麗…等樂器，讓他盡情探索。

● 發掘孩子擅長的興趣

　　許多媽媽在看到孩子對什麼有興趣時，就認為值得花時間、花錢去培養。其實，孩子感興趣的未必就是擅長的。雖然能力可以靠後天培養，但每個孩子的天賦都不同，而我們的金錢、時間、精力…等資源都有限，與其把有限的資源投在孩子不擅長的事情上，為什麼不放在孩子既有興趣又擅長、後天培養也得力的事情上呢？

　　因此，媽媽們需要花一些時間觀察孩子是否真的擅長這件事。

　　樂樂讀幼稚園時主動要求我幫他報名上跆拳道。因為樂樂體質比較弱，也不太愛運動，所以當他對跆拳道有興趣時，我非常高興，馬上幫他報名。結果，才上了幾堂課，他就說太累不想學了。整個學期，我不斷哄著樂樂，還請老師幫他降低訓練強度，才勉強讓樂樂上完一個學期的課。從那以後，樂樂再也沒有碰過跆拳道。

　　樂樂喜歡音樂，我帶他去體驗過很多樂器，例如非洲鼓、烏克麗麗、爵士鼓、鋼琴，之後他感覺自己有些手忙腳亂，似乎並不能勝任樂器的演奏。直到後來接觸到揚琴，他聽到琴聲的瞬間就愛上了揚琴，同時，上揚琴體驗課也給了他很大的成就感，學揚琴至今已有四年多了，他還是很喜歡揚琴。

　　無論孩子多喜歡做某件事情，如果不擅長，學起來有可能又累又挫敗，也就不會產生成就感，因此很難堅持下去。如果孩子明明很擅長某件事，在這方面也有天賦，但家長卻強拉他去上其他才藝班，他也不會有動力學習。所以，一定要多多觀察並發掘孩子既有興趣又擅長的事，這樣孩子學起來才會比較輕鬆又有成就感。

⌒ 適合孩子的才是好老師

　　找到孩子感興趣並擅長的事情，也報名了才藝班，但不代表孩子就一定能在才藝班裡開心地學習。

　　樂樂學習揚琴的四年多來並非一帆風順。第一年，老師的教學方式比較制式，要求孩子有深厚的基本功，每天都不厭其煩地糾正樂樂的手型和施力點。而樂樂在這方面好像領悟得比較慢，總是達不到老師的要求，所以越學越受挫，練琴時的負面情緒也越來越多。

　　我能理解老師的用意：基本功打好了，後面學起來才會越來越容易，否則，如果基本功不夠好，之後也很難導正回來。可是，過於強調基本功而磨滅了孩子的學習興趣，豈不是得不償失？

　　後來我幫樂樂換了一位揚琴老師，這位老師的教學方式比較靈活，願意帶著開放態度了解樂樂的學習特點。我建議老師不要對樂樂的手型和施力點糾正太多，也放低要求標準，讓樂樂先體驗到學琴的成就感。老師了解樂樂的情況後也認可我的建議，從那以後，樂樂又重新感受到學揚琴的快樂。

兩年後，有一次樂樂上揚琴課時，老師發現樂樂在彈奏速度方面遇到瓶頸，原因是他有一個施力點不太對，本來應該用手腕的力量，但他用的是手指的力量。老師指出這點，樂樂立即就改正了，再繼續練習時，樂樂突然發現：「哇，好輕鬆啊」，當下練琴的效率一下子就提升了很多。

其實，施力點的問題應該在三年前就要糾正了，但我和揚琴老師都選擇尊重樂樂的特點，遇到合適的契機再糾正，因為**我們都一致認為孩子的學習成長沒有標準流程，每個孩子都是特別的，每個孩子都獨一無二**。

所以，如果有時候妳的孩子無法在某個興趣方向上取得進展，不一定是孩子能力不足，也可能是沒有找到適合孩子的老師。

才藝班不是萬能的

有些媽媽是為了盡快解決孩子的某個問題或讓孩子得到系統化訓練而報名才藝班。比如，孩子寫作業散漫就報名安親班，孩子運動能力較弱就報名體能班，孩子寫字不好看就報名書法班。

妳是不是很困惑：為什麼同樣花了錢，別的孩子學習效果很好，我的孩子就沒有那麼好呢？

樂樂上一年級時是班上少數幾個不會跳繩的孩子，他非常渴望學會跳繩。我幫他找了跳繩老師，但他還是沒學會且非常受挫，提到跳繩就有負面情緒，我只好親自陪伴他練習。

陪他練習兩天，沒有任何進展，一週後，終於學會跳一下，樂樂開心極了，一個月後，可以連續跳五下以上了；一個學期後，可以連續跳五十下左右了，只是速度比較慢；一年後，可以在一分鐘內跳將近一百下了；兩年後，樂樂不但可以參加學校的跳繩比賽，還得到全年級男子組第二名的好成績。

　　答案就在這裡：沒有任何老師能完全代替妳教育妳的孩子。期待才藝班的老師幫妳培養孩子的各種能力，但未必能實現。為什麼呢？因為老師需要懂孩子，才知道怎麼教並激發孩子潛能，孩子學起來的效率才最快。而「懂孩子」這個核心技能，正是父母的基本功。如果連妳都不懂自己的孩子，才藝班老師又怎麼會比妳更懂呢？

　　所以，如果孩子上了才藝班，效果卻不好，未必是孩子的能力有問題，也可能只是老師沒發現孩子的特質、不夠懂孩子。但妳最懂妳的孩子，妳可以透過自己的陪伴幫助孩子愛上某件事，讓孩子看到自己可以做到、可以做好。

讓社會和社群成為妳的幫手

許多媽媽有了孩子後，就把時間都奉獻給孩子和家庭，沒有為自己留時間去學習、成長，也沒有自己的「能量補給」支援團體，再加上遇到育兒難題時也得不到家人的支持和理解，就會感覺孤單無助。

自然界有一個「熵增定律」（「熵（entropy）」是由德國物理學家和數學家克勞修斯提出的物理學定律，表示事物內部的混亂程度）意思是對每一個孤立系統來說，如果沒有外部能量的注入，最終都會從有序走向混亂，從活力走向衰亡。對抗「熵增」的最好方式就是把一個孤立的系統打開，與外部系統進行能量交換。

媽媽們別讓自己成為孤立的系統，無論我們當下的能量狀態多好，如果不持續學習、成長，沒有自己的能量補給站，這種能量狀態就不可能一直持續，最終會陷入低能量的狀態。

有些媽媽一直勞心勞力，全心地為家庭付出，但是這種付出好像沒被家人看到，可能反而覺得媽媽的情緒很多。我們可能沒意識到低能量狀態對家庭的負面影響，遠遠超過自己對家庭的正面貢獻。媽媽需要擁有「自己的能量補給站」，無論原本狀態多糟糕，只要與支持自己的好朋友來場簡單的下午茶或其他喜愛的活動，讓身心充飽電才會容光煥發，對孩子和家人也會溫柔很多。

找到支持妳的社群

在網路時代，可以透過各種社群媒體、親子活動平臺…等找到不同的團體，例如參加親子活動、媽媽沙龍、讀書會，即使是住在山裡，只要有網路，也可以隨時隨地與社群裡的媽媽們溝通交流。

我記得曾經有位學員媽媽，每個週末要花四小時車程參加深度陪伴的實體課，她說：「能有機會和這麼多優秀的媽媽一起成長，就算再遠的路也值得。有時候我會因家人的否定而懷疑自己，但每次來這裡說出自己的心裡話，勇敢地表達自己的情緒，得到大家的正面回饋、情感共鳴和支持，就讓我信心滿滿、能量滿滿。我現在越來越有力量去堅持正確的育兒理念，不再輕易因為家人的否定而自我懷疑。」

我們不一定要學習非常多育兒知識，但擁有一個高能量的媽媽社群非常重要。

有時也能使用社會資源

除了社群的支持力量，媽媽們也可以充分運用政府於各縣市行政區規劃的免費親子館，或政府與民間團體共同提供的各項活動與課程，比如玩具圖書館、親子遊戲屋、繪本館、親職講座…等。免費使用的親子館除了能夠陪伴孩子並拉近親子距離外，媽媽也能參加親職教養、育兒照顧的講座

課程，或利用幼兒照顧諮詢、社區宣導服務…等，在養育、教育上得到最有力的協助與支持。

⬬ 擁有互相看顧、彼此支持的好鄰居

我的朋友有兩個孩子，一個小學、一個幼稚園，她是國三的班導師，平時工作忙碌，但是她仍然有很多時間陪伴她的兩個孩子，祕訣就是找到支援她的好鄰居。

週末需要加班時，就請鄰居幫忙帶著孩子一起出去玩。換她有時間時，改成她帶著鄰居的孩子出去玩。這樣，她只需要付出一半的時間和精力，一樣能好好陪伴孩子，同時也為自己的孩子找到固定又熟悉的玩伴，同時培養孩子的社交能力。

如果妳找不到與妳家孩子年齡相仿的同伴，也可以找和妳比較聊得來、育兒理念相近的孩子同學的媽媽。作為同班同學，孩子們可以聊的話題更多、更廣，關係也會更加親近。

二寶雄雄出生前一個星期，公婆因為老家有事還沒趕來，我就提前和樂樂同學的媽媽商量：萬一我公婆不能及時趕來，那就樂爸陪我去醫院待產，而樂樂去她家裡吃飯。

遇到寒暑假，樂樂同學的媽媽也會主動打電話過來，說她可以帶樂樂一起出去玩幾天，這幫了我很大的忙。

現在很多學校都有課後照顧班，這也是我們可以善用的資源。像樂樂的學校在每天下午放學後會有兩節課的免費延時服務，一節是體育活動，另一節是自習時間，學生可以自行選擇。如果家裡的大人都要上班，那麼這絕對是最放心又安全的選擇。

一個人的能量要在關係裡才能得到持續的補充，所以媽媽們要多多借助社群和社會的資源，平時多為自己和孩子建立這樣的關係，如此一來，當妳需要幫忙的時候，才不會手足無措或太焦慮。

註：衛生福利部社會及家庭屬於 2012 年起輔導並鼓勵直轄市、縣市政府設立親子館，並提供托育諮詢、幼兒照顧諮詢、兒童發展篩檢、兒童玩具圖書室、親職教育課程、嬰幼兒活動課程、社區宣導及外展服務等。創造社區友善育兒環境，以提升家庭支持功能，減緩家長照顧壓力。目前全台各縣市為支持家庭育兒，也免費開放親子館提供符合幼兒發展的遊戲規劃，是安全又舒適的共玩空間。

實現工作和生活平衡的八個技巧

許多媽媽都感覺自從有了孩子後，自己就像陀螺一樣不停地轉，生活進入無止盡的「窮忙迴圈」。

通常一天的開始，就是分秒必爭地把孩子送進學校再趕到公司，忙完八小時下班，回到家立刻做飯、打掃、洗衣服、照顧孩子；在孩子睡覺之前，還要陪他玩、講故事、做點運動、幫孩子洗澡。在晚上，特別是冬天，妳還要醒來無數次幫孩子蓋被子、看他是否要起床上廁所。最後，好不容易睡著了，早上鬧鐘就響了，新的一天又開始了。

妳可能會忍不住問自己：這就是我想要的生活嗎？

每個人都不希望陷入高壓的生活迴圈，但我們似乎又逃不開。我生完樂樂後就是這樣熬過來的，所以非常理解這種連喘口氣的時間都沒有的感覺。但是現在有了二寶，養育孩子的負擔加重了一倍，卻比只有樂樂時更加輕鬆，兩個孩子也成長得更好。回顧我這一路的成長，我發現還是有些方法能讓我們平衡工作和生活。

追求工作和生活的靜態平衡很難，但是我們可以追求「動態平衡」。

比如，有段時間樂爸很忙，我就跟他說，只要你回家後看到雄雄還沒有睡覺，你就陪他讀一會兒書，即使時間短但仍舊是陪伴。但是，如果沒時

間陪讀呢？沒關係，也許等過幾天有餘力時，他再陪孩子閱讀。重點是不要因為期間加班或出差就默認這件常規的事不用做，到週末時，抽出時間再陪兩個孩子去戶外玩一會兒。把時間拉長到一個月，從整體來看，這種陪伴就是「動態平衡」。

那麼，想做到工作和生活動態平衡，有哪些方法呢？

⬭ 學會借力使力

在沒有其他人支援的情況下，養育孩子是一件非常辛苦的事情。前面的內容中分享了如何邀請爸爸參與育兒、如何讓家中長輩成為妳的幫手、如何借助社群和社會機構的力量，妳已經清楚知道自己擁有很多資源。實際上怎麼具體運用呢？協調共同分擔會讓獨攬的壓力減少很多。

以爸爸為例。想像一下，在一天中妳最累、最有壓力的是哪個環節、哪些事情，妳可以把這些事交給爸爸處理。例如孩子夜奶頻繁，妳已經嚴重睡眠不足，那麼妳可以和先生輪流餵孩子。如果妳是親餵，可以請爸爸幫忙把孩子抱到妳身邊，這樣妳就不需起身，如果是餵配方奶，就放心讓爸爸處理，至少有一小段時間讓妳休息。

雄雄小的時候，晚上總要起來幫他更換兩次尿布，導致我睡不好，早上起來精神很差。但樂爸睡得比較晚，我就會請他在睡覺前先幫雄雄換一次尿布，這樣我只需要半夜再起來一次就好。如此一來，就不是全都由我處理，樂爸也能分攤一次換尿布的事情。

　　如果妳每天接送孩子很疲憊，可以和先生商量一個人送孩子上課，一個人接孩子下課。

　　樂樂有段時間是在平日晚上8：00～9：00上體能課，我會把樂樂送去上課，樂爸加班回來就順路去接樂樂，這樣我就能在家哄雄雄睡覺而不用擔心了。

　　打掃家裡時，不妨列出一份清單，與先生分工負責清單上的家務。例如妳負責做飯，他負責洗碗；妳負責掃地，他負責拖地。

　　我們家通常由我買菜、洗菜、切菜，樂爸做飯，我洗碗，因為樂爸最喜歡做飯，不喜歡洗碗也洗不乾淨，而我也很享受洗菜、切菜的過程，洗碗也洗得比較仔細。這樣分工合作下，兩個人都開心，兩個人都不累。

　　陪伴孩子時，可以列出陪伴孩子的分工清單。妳負責講睡前故事，他負責帶孩子運動；妳負責週一、三、五陪伴孩子，他負責週二、四陪伴孩子。只要妳們雙方達成一致即可。

　　有段時間，雄雄早上吃飯胃口不太好，所以我就想在早餐前帶雄雄在社區裡玩一兩個小時，多消耗一下他的能量。因為我和樂爸都要忙工作，所以我們會約定好一人帶一天，這樣兩個人都不累，都能陪到孩子。

　　一定要把育兒工作細分，列出各自具體可以做的事情，並且允許彼此有練習和犯錯的空間，雙方藉此都能安心地直接行動。

　　除了借助家人力量和社會資源，在經濟條件許可的狀況下，請專業人士來協助也是一個選項。比如，請鐘點打掃阿姨、請安親班接孩子並看顧功課，偶爾外食讓自己輕鬆一下。或添購智能家電，例如洗碗機、掃地機器人、洗烘衣機，節省一些做家事的時間，這也是借力使力，把時間和精力挪到更需要好好處理的事情上。

　　總之，一定要具備尋求協助與善用資源的思維，別自己一個人默默承擔所有事情，更不要為了過度省錢而透支自己的身體健康。只有妳好，孩子才會好，全家人才會好。

⬬ 全心投入，避免能量分散

　　有時候雖然妳已經下班了，但是突然傳來工作的訊息，或者突然想起某個工作要收尾。這時，妳可能會選擇一邊陪孩子一邊處理工作。但是孩子看到媽媽拿著手機，感受不到妳全心陪伴；另一方面，妳的大腦同時做兩件事情，有可能因此更累，孩子也沒有得到有效的陪伴。

　　在這種情況下，最好的方式是做好時間管理和工作計畫，在上班期間盡可能高效地把工作做好，不要把工作留到下班後。如果真有突發情況需處理，那就拜託家人或可以協助妳的資源，讓他們先照料孩子。在這段時間裡，妳全心投入完成工作，先不要擔心孩子，待工作結束後再好好陪伴。在家陪孩子的時候，把手機關掉或轉靜音模式會讓妳更全心投入，建議陪

伴孩子時不要頻頻看訊息或E-mail，甚至是無意識地滑手機。

全心專注於工作或家庭，可以減少因為加班而不能好好陪伴孩子，或因為在家陪伴孩子而無法及時回應工作所帶來的愧疚感。如果妳有很多工作必須在下班後處理，就需要培養孩子早睡早起的作息習慣，等孩子上床睡覺後再開始做妳的工作。如此一來，每件事都可做到專注和高效，妳的能量也不會被分散，進而享受到陪伴孩子時的愛的滋養。

讓孩子成為幫手，分擔妳的忙碌

如果能從小培養孩子做家事，那麼孩子就可以成為我們的助力。先讓孩子和我們一起做，例如掃地、擦桌子、洗碗，或讓孩子自己洗內衣褲和襪子、整理自己的房間和摺棉被…等。三至六歲的孩子完全可以勝任這些事，即使做得不完美，至少可以幫我們完成一部分，節省一些時間。

我們也可以和孩子進行分工，比如讓孩子負責整理玩具，我們負責家裡其他區域的整理。如果用遊戲的方式去引導，孩子會覺得這是一件有趣的事，而不是不想做卻不得不做的事。

即使是三歲以下的孩子，也可以幫忙做部分家事。我們家二寶雄雄兩歲時已可以幫我一起整理菜、掃地擦地（雖然打掃不乾淨）、按照指令整理東西。這些基礎能力的培養，也能幫助他以後為家庭做出更大貢獻。

同時，這也是一種親子陪伴，既可以鍛鍊孩子的自理能力，還能讓他們也參與家庭事務，最重要的是能幫妳節省一些時間，讓媽媽的能量減少被家事消耗殆盡。

⌒ 考慮有彈性地安排工作

也許妳的工作時間很長，妳的公司要求週末還要多上一天班，也可能妳的職業比較特殊，週末兩天都要工作，導致妳根本沒有時間陪伴孩子。這時可以試著向上司申請彈性工作制，以兼顧家庭和孩子。

（1）遠端辦公

每週或每兩週有一天在家遠端工作。

（2）彈性工時

我以前的公司，有許多外籍男同事在孩子剛出生的頭兩年會申請彈性工時，早上七點前到公司，下午四點前離開，提早回家照顧孩子。

（3）一週上四天班，每天工作十小時

每週少上一天班，但整週的工作時間維持四十小時，如果妳的公司是責任制的話，那麼很有機會能夠申請成功。

（4）提前或準時下班陪孩子，晚上八點後再回公司工作

有一位在互聯網公司工作的朋友問我，她每天很晚回家，很少有時間陪孩子，哪些方法能深度陪伴？我仔細了解她的情況後，建議她爭取在下班的高峰時間前到家，抓緊時間陪孩子，然後再返回公司繼續工作，晚上十點多再回家。這樣就不會錯過孩子的睡前時光。

有些公司可能會涉及機密資訊，無法讓員工把工作帶回家；或者，當你看到整個部門都加班，不好意思自己先下班回家。面對這樣的情況，即使不能在家工作，但可以運用上述方法靈活處理。如果以上方法都不行，還可以有策略地規劃妳的休假時間，保證每個月都有幾天可以在家全心全意地陪伴孩子。

⬭ 如何高效地利用時間

總有一些生活小技巧能讓我們可以更加高效地利用時間，例如：可以讓妳中途短暫休息的烹飪方式。像是具備定時功能的電鍋、氣炸鍋和烤箱，當廚房小家電運作時，就可以做自己的事情、看書、靜修學習或陪孩子，不需要一直待在廚房。

把一些家事集中放在週末做，減少平時的壓力，比如採購食物、打掃等。平時只做重點式打掃。不需要為了保持一塵不染的家庭環境，每天把自己弄得精疲力竭。或者，剪一個容易整理的髮型，我一直留著簡單的直髮，不需要特別花時間整理。

前一天晚上先準備好第二天早上所需的事物。人很容易在早上因為趕時間而焦慮，甚至和家人發生爭執。如果在前一天晚上就做好準備，會從容許多，例如準備好隔天穿的衣服、出門要帶的物品提前放在包包裡、先計畫好工作流程⋯等。

為孩子選擇離家近的才藝班，或者把週末整天要上的才藝班儘量安排在同個地方，這樣就可以大大地節省接送孩子的時間和交通成本。

養成同一個時間實現多倍價值的思維模式。例如，我會在上下班的路上各步行半小時，這樣就順便完成每天鍛鍊身體的目標。在步行過程中，我習慣有意識地放鬆自己的大腦，多看看天空和遠方，也順便放鬆了大腦和眼睛，回到家就可以精神飽滿地迎接孩子們的擁抱，孩子們看到下班後的媽媽也是開心的、愉悅的、充滿能量的。

⟜ 重新考慮妳的工作

並不是鼓勵大家為了讓自己輕鬆一點而換工作，因為辦法總比困難多。但是，有時候當我們不堪重負，或已經因為工作導致生活嚴重失衡的話，就不得不考慮更換工作了。

也許可以換到別的部門，如果剛好那個部門的主管更有同理心、更能理解年輕媽媽的辛苦，可以給我們更多支援的話。或是一份離家更近的工作，這樣就不需要耗費太多通勤時間。也可以換一份加班少一些或工作時間相對固定的工作，這樣就可以有更多時間陪伴孩子。

有時候，我們不得不在工作與家庭之間做選擇。工作機會沒了，以後還可以加倍努力找到其他機會；但是，孩子的童年時光一生只有一次，一去不復返，有些東西錯過了，就是永遠錯過了。

⟜ 學會先執行重點事務

無論工作或生活，如果列一個待辦事項清單，妳會發現要做的事情太多了，就算有三頭六臂也做不完。不過，按照清單去安排時間，或者突然遇到什麼事情就做什麼事情，都是非常低效的方法，正確的方法應該是「抓重點排序」。

把每天需要做的事情中最重要的列出來，先完成它們。這樣，即使當天的事情做不完，至少妳把最重要的事先做了。

假設妳今天有五件事情要做：陪孩子讀書三十分鐘、去市場買菜、去孩子學校開家長會、領包裹、洗衣服。如果妳的時間只夠完成兩件事情，

那很顯然的，最重要的是「陪孩子讀書三十分鐘」和「去孩子學校開家長會」，至於另外三件事，今天不做的影響不大。如果真的需要買菜，也可以利用外送服務把菜送到家。

我陪伴二寶雄雄時，白天要上班，只能在上班前和下班後陪伴他。如果某天特別忙，陪他的時間有限，我只能選擇做一件最重要的事情，你們猜，這件事是什麼呢？

我會選擇在晚上哄他入睡和陪伴他睡覺，確保他晚上睡覺時聞到的是媽媽的味道，早上睜開眼時聞到的也是媽媽的味道。對小寶寶來說，晚上睡覺時的陪伴比其他任何時候更重要，這決定了孩子的人生基礎。所以，雖然雄雄白天和保母在一起的時間比和我在一起更長，但是他更需要媽媽親自陪伴。只要有我在，即使更換保母，他也可以很快適應。

⌓ 為自己預留獨處的時間

獨處是為了讓自己恢復能量；學習是為了讓自己有機會走出前文提到的「熵增」狀態，保持高能量。

不需要看到有趣的課外活動就馬上送孩子去參加，這樣會讓妳精疲力竭；偶爾叫外送不代表妳是不盡職的媽媽；偶爾回家晚了，不能陪伴孩子入睡，或偶爾累了，不想為孩子講故事，都不代表妳對孩子的愛減少了；偶爾哪兒也不想去，只讓孩子待在家裡，也不代表妳是一個懶媽媽。

越是沒時間，妳越要為自己預留時間，讓身體得到充分休息，才能高效地投入工作、安排學習的成長機會，藉此創造更多的自我價值。

獨處和學習的時間，對媽媽來說是絕對必要的。

結 語

　　父母在自己能量狀態不足時陪伴孩子，就很容易因為一點小事而崩潰。如果這時還把注意力放在孩子身上，強行進行「低效陪伴」，父母的能量只會越來越低，孩子的能量也會被影響得越來越低。

　　正確做法是，覺察到自己能量不足了，就把注意力收回自己身上，做一些可以讓自我能量狀態恢復的事情，然後再陪伴孩子。這時，妳臉上的神色都會變得溫柔平和起來，陪伴的耐心、品質自然也會得到改善。

　　媽媽們如果想走出「焦慮、壓力大、心累」的狀態，一定要讓自己成為一位高能量的媽媽，把照顧自己的能量狀態放在第一位。

　　我真心希望每位媽媽都能夠透過實踐「深度陪伴CEO」的理念，跳出「陪伴孩子就是犧牲自己的青春、時間、事業發展」的認知誤區，感受到「陪伴孩子，對自己和孩子都是愛的滋養」。

　　我認為，深度陪伴CEO的「雙向滋養」理念，是媽媽最需要的信念。

我如何實踐深度陪伴 CEO 理念

　　學會了本書提到的方法，妳就可以輕鬆應對養育孩子和家庭經營時的各

種挑戰，不再感到孤單無助，也不覺得只有自己辛苦勞累，相反地，妳每天都會體驗到深度陪伴帶來的滋養。

作為深度陪伴CEO，以我自己為兩歲多的二寶雄雄執行的家庭幼兒教育為例：

我會先按照「多元智能理論」制訂一個幼兒教育計畫，其中包括大肌肉運動、精細動作、音樂、語言、空間、數理邏輯、社交…等各項能力的訓練和啟發，並按照家庭成員的時間、能力、興趣進行分工。

例如，保母白天帶雄雄戶外活動至少有三小時，我就把運動和社交能力的訓練交給保母。保母白天帶雄雄在社區裡騎平衡車、攀爬跑跳、玩溜滑梯…等；保母也會帶雄雄和小朋友們一起玩，在這個過程中引導雄雄學會分享、交換玩具、處理交際衝突，練習孩子的社交能力。

我們家的奶奶很會講故事、很會唱歌也很有耐心，所以語言發展、音樂能力的訓練就交給奶奶。爺爺動手做的能力很強，所以精細動作、空間能力的訓練就交給爺爺。爺爺奶奶會在保母做飯的時候，講故事給雄雄聽、一起聽音樂或教他唱歌、玩樂高、串珠子、做手作、玩遊戲…等。

樂爸的計畫能力很強也很有耐心，所以就讓他負責雄雄的兒歌、讀古詩詞的學習。他會精心挑選適合雄雄的內容，在每天上班前和下班後播放。我偶爾也會讓樂爸講故事，因為哪怕是同一本書，他讀十遍也不會感到厭煩，比我更有耐心地說給孩子聽。

雄雄正處於崇拜比他大的孩子的階段，所以每當我們想讓雄雄做某件事但他不願意做的時候，我就會讓樂樂告訴雄雄，雄雄就會很聽話地趕緊去完成。雄雄也特別喜歡跟著哥哥學，所以我就讓樂樂變成小老師，帶著雄

雄一起做勞作、玩耍，並讓樂樂把各種好的習慣示範給雄雄了解。

　　至於我的部分，每天在睡前陪伴雄雄至少一小時，雄雄喜歡讓我親親抱抱，喜歡摸我的耳朵，我也會和他聊天並問他很多問題，順便訓練他的數理邏輯能力。有時候，早上上班前我會陪他到樓下玩一小時，如果下班比較早的話，就再陪伴他一小時。除此之外，我會發揮自己最大的優勢——幫雄雄制訂不同階段的教育計畫，讓全家人更理解雄雄的行為或突發情緒，一同學習用最適合雄雄個性的方式和他溝通。

　　作為深度陪伴CEO，我讓全家人都參與了對雄雄的陪伴，並讓每個人都發揮自我優勢價值，他們都和雄雄建立非常深厚的感情，同時還省下上幼幼班的學費。最重要的是，我並沒有獨自承擔大部分的養育工作，所以不會太辛苦，也不覺得只有我犧牲和委屈，長期下來能保持好的能量狀態，而這種好的能量狀態又讓我更有能力勝任深度陪伴CEO的角色，這樣就形成了正向循環。

深度陪伴 CEO 理念讓我的生命得到了綻放

　　身為雙寶媽，從2012年我們家大寶樂樂出生到現在，已經過了整整十一年，在此期間，我一直在實踐深度陪伴CEO理念，努力經營自己的家並陪伴兩個孩子長大。正因為如此，在養育孩子的過程中，相較於我對孩子和家庭的付出，我得到的滋養更多，生命也因此得以更好地綻放。

　　我原本是脾氣特別暴躁的人，認識樂爸之後，雖然努力改變了很多，但真正讓我下定決心改變的，還是孩子。是的，對女人來說，肚子裡孕育出

的小生命就是這麼神奇，讓我們心甘情願地付出全部。

樂樂兩歲前，我每天過著朝八晚五的穩定生活，那時候並沒有什麼喜好，也沒有夢想，下班後最喜歡做的事就是逛街購物或上網追劇。樂樂近兩歲時，我做出人生的第一個關鍵決定：放棄一切，搬到另一座城市探索喜歡的事情，想把接下來的人生活得更精采，做孩子的好榜樣。

我摘錄了自己深度陪伴孩子的日記，並分享到我的粉絲團，吸引了許多媽媽的關注。發表於2016年的某篇文章點閱率突破一百萬次，讓我有更大的動力持續分享育兒心得。幾年時間下來，我發表了上百萬字的創作文章並在2018年出版了我的第一本書《深度陪伴：懂得陪伴以後，你才是個真正的爸媽》（資料夾文化出版，2018年）。

一開始，我只是分享自己陪伴孩子的心得和經驗。後來，越來越多媽媽告訴我，她們因為深度陪伴的育兒理念而受益，變得更懂孩子，與孩子的關係更加緊密，甚至夫妻關係也得到改善。當育兒理念與我不同的樂爸也和我一起做深度陪伴後，我真正找到了人生意義和使命，以及接下來二十年裡，我要做的唯一事情——是讓所有媽媽在充滿支持和陪伴的環境中，深度陪自己的孩子長大，讓親子都能得到愛的滋養。

當妳有動力提升自己時，就是最好的學習時機

讀完這本書，也許妳會有些遺憾，感覺自己似乎錯過了孩子過往的成長，還有一些行為也影響了伴侶的成長。但是，我想跟妳說，只要妳願意，現在就是學習成長的最佳時機。

　　有一位媽媽，她認識我三年了，有一天，她突然告訴我，她認真讀完我的書，還報名參加我的課程。她說，她也知道陪伴孩子很重要，但就是沒有辦法下定決心花時間認真學習養育知識、陪伴孩子，覺得工作更重要。但是開始學習後才發現，孩子的問題其實都與自己有關，她很懊悔沒有早一點開始學習。

　　我告訴她，現在就是學習的最好時機，因為她已經找到學習的動力。

　　妳以前沒有學習，不代表妳不想，可能是因為妳還沒有勇氣去面對問題，也可能是因為妳還沒有能力看到問題對未來的影響。問題不在於妳，而在於整個社會對媽媽們的支持還不夠。這也是我一直努力的方向——讓深度陪伴CEO理念傳遞給更多的媽媽，讓媽媽們的方向明確，放心大膽地前行。

　　我們的孩子也一樣。有時候妳已經看到了事情的重要性，但是孩子卻沒有動力去做。同樣地，問題不在於孩子而在於父母。父母不斷要求孩子學習，好像不努力就是沒有上進心。其實並非如此。父母應該回到自身，要學習如何激發孩子的學習內在動力。當妳做到這點，妳的孩子就會在某個時刻也突然想學了，而且是自動自發地主動學習。

　　所以，什麼時候開始學都不晚，只要妳願意，現在就是最好的時機。只要是妳想要的，不是別人強加給妳的，也不是別的媽媽使妳焦慮而導致妳盲目跟隨的，那麼這種狀態就是最好的狀態。

　　越來越接納自己、越來越理解自己，妳的人生腳步就會越來越輕盈。從現在開始，我們一起練習成為深度陪伴CEO，成為更高能量的媽媽吧！

我不是媽媽，是家庭 CEO
與其練成鋼鐵身，不如讓家人成為神隊友

作　　　者　張楊
內頁設計排版　關雅云
封面設計　木木 LIN
文字協助　楊心怡
責任編輯　蕭歆儀

總 編 輯　林麗文
主　　編　蕭歆儀、賴秉薇、高佩琳、林宥彤
執行編輯　林靜莉
行銷總監　祝子慧
行銷企劃　林彥伶

出　　版　幸福文化出版／遠足文化事業股份有限公司
地　　址　231 新北市新店區民權路 108-1 號 8 樓
電　　話　02-2218-1417
傳　　真　02-2218-8057

發　　行　遠足文化事業股份有限公司（讀書共和國出版集團）
地　　址　231 新北市新店區民權路 108-2 號 9 樓
電　　話　02-2218-1417
傳　　真　02-2218-1142
客服信箱　service@bookrep.com.tw
客服電話　0800-221-029
郵撥帳號　19504465
網　　址　www.bookrep.com.tw

法律顧問　華洋法律事務所 蘇文生律師
印　　製　博創印藝文化事業有限公司

出版日期　西元 2024 年 7 月 初版一刷
定　　價　399 元
書　　號　0HDC0114
ISBN　9786267427729
ISBN　9786267427828（PDF）
ISBN　9786267427835（EPUB）

中文繁體版通過成都天鳶文化傳播有限公司代理，由人民郵電出版社有限公司授予遠足文化事業股份有限公司（幸福文化出版）獨家出版發行，非經書面同意，不得以任何形式複製轉載。

國家圖書館出版品預行編目（CIP）資料

我不是媽媽，是家庭 CEO：與其
練成鋼鐵身，不如讓家人成為神
隊友／張楊著 .-- 初版 .-- 新北市
：幸福文化出版社出版：遠足文化
事業股份有限公司發行，2024.07
面；　公分
ISBN 978-626-7427-72-9(平裝)

1.CST：母親　2.CST：自我肯定
3.CST：生活指導

544.141　　　　　　113006882